FRAGMENTS HISTORIQUES

SUR

LA VILLE ET L'ANCIEN COMTÉ

DE

BAR-SUR-SEINE.

Par M. L. COUTANT, des Riceys,

Membre de la Commission des Antiquaires de Bourgogne et de Normandie.

BAR-SUR-SEINE,

IMPRIMERIE ET LIBRAIRIE DE [illegible]

FRAGMENTS HISTORIQUES

SUR

LA VILLE ET L'ANCIEN COMTÉ

DE BAR-SUR-SEINE.

INTRODUCTION.

Le recueil des fragments historiques que nous publions aujourd'hui, est une réunion de faits puisés dans des auteurs dignes de foi, tels que : *Jacques Vignier*, *Delamarre*, *Courtepée*, *Pérard*, St-*Julien de Baleure*, *Rouget*, *Chifflet*, l'illustre *Orbandale*, l'abbé *Papillon* (Bibl. des aut. de Bourg.), *Taisand* (Cout. de Bourg.), *Laperouse*, *Demontrol* (*Gallia christiana*), ainsi que dans plusieurs manuscrits des archives de Dijon, etc. Nous avons pensé qu'on nous saurait gré de réunir ces différents documents pour les livrer à la publicité, et nous souhaitons que cet essai engage quelques-uns de nos compatriotes à se livrer à de plus amples recherches sur le pays dont nous esquissons l'histoire.

Nous eussions désiré pouvoir classer dans cette notice les faits historiques consignés dans un manuscrit que possède un habitant de Bar-sur-Seine ; mais, nous le disons à regret, toutes les tentatives qui ont été faites à ce sujet tant par M. Vallet de Viriville, alors archiviste du département, que par plusieurs autres personnes, sont demeurées infructueuses. Il est fâcheux d'être obligé de révéler un tel acte d'égoïsme, à une époque où chacun s'empresse d'offrir son concours, afin de faciliter les recherches historiques qui intéressent sa localité.

L'ancien Comté de Bar-sur-Seine étant circonscrit dans des limites trop étroites, on ne sera pas étonné de voir que nous les dépassions quelquefois : d'une part, parce que les alliances des comtes de Tonnerre avec ceux de Bar-sur-Seine, ainsi que les différents partages qui s'en suivirent, nous entraînent nécessairement à dire par fois quelques mots

1846

du Tonnerrois ; et aussi parce que l'ancien comté de Tonnerre comprenait dans sa circonscription beaucoup de pays faisant aujourd'hui partie de l'arrondissement de Bar-sur-Seine ; en effet, jadis appartenaient aux comtes de Tonnerre les villages de Channes (*Chaones*), Beauvoir (*Bellum-videre*), Bragelogne (*Brachenoille*), Avirey (*Vitrey*), Ricey-Haut (*Riceium*), Ricey-Haute-Rive (*Alta-Ripa*), et trois autres villages, *Lannia*, *Minil*, *Colungiam* (1), qui ne subsistent plus aujourd'hui.

D'un autre côté, parce qu'à l'époque gallo-romaine, tout le pays compris entre le pays des *Ambarres*, dont une partie forma plus tard le *Pagus Barrensis*, et la source de la Laing (Laigne), formant cercle du nord au sud et du sud à l'ouest, appartenait au *Pagus Latiscensis*, ou canton du Laçois ou Lassois, dont *Landunum* (Lansuine) était la capitale. Pour mieux fixer le lecteur, il est bon qu'il sache que le Laçois possédait le pays compris entre Roussillon, ville détruite, près de Châtillon, jusqu'à moitié chemin de Tonnerre ; et, de l'autre côté, des limites du Barrois à Laigne.

Lors de la division ecclésiastique, Bar-sur-Seine et Châtillon firent partie du même archidiaconé, et appartinrent à l'évêché de Langres.

L'histoire du Laçois sera donc notre point de départ.

CHAPITRE I.

CANTON DU LAÇOIS.

Les Romains, pénétrant dans la Gaule, trouvèrent chez plusieurs peuplades, et principalement chez les Lingons, une organisation territoriale qui leur était inconnue : ce pays était divisé en cantons (*Pagi*), qui, eux-mêmes, étaient subdivisés en finages (*fines*). Les vainqueurs laissèrent subsister cet ordre de choses chez les peuples qui l'avaient adopté ; seulement, les noms celtiques, qui nous sont inconnus, furent remplacés par des noms appartenant à la langue romaine, et ceux-ci nous sont en partie conservés. La cité des Lingons comprenait les *Pagi* suivants : *Pagus Lingonicus*, *Atoarensis*, *Barrensis*, *Boloniensis*, *Columbarensis*, *Divionensis*, *Elariacensis*, *Magnimontensis*, *Oscarensis*, *Tocnodorensis*, et enfin le *pagus Latiscensis*, qui, plus tard, forma le canton du Laçois.

Cette division primitive du territoire gaulois est digne de remarque ; car, perpétuée, surtout dans la juridiction ecclésiastique, calquée sur l'ancienne distribution de l'empire, elle subsista jusqu'à la révolution française, sous d'autres noms et avec de légers changements. C'est ainsi

(1) Tous ces noms sont ainsi désignés dans des chartes du XIIe et du XIIIe siècle.

que les chefs-lieux des provinces romaines, qui comprenaient plusieurs cités, devinrent des métropoles ou archevêchés, les cités des évêchés, les cantons des archidiaconés, les finages des paroisses. Dans l'ordre civil, les comtés, devenus, plus tard, avec quelques altérations, les baillages de la France, remplacèrent, à peu de chose près, les *pagi* de la géographie gallo-romaine (1).

Le pagus latiscensis était placé sur la lisière du pays des Eduens, des Lingons et des Senones; il était arrosé par la *Seach* (2) (Seine), qui baignait le pied de la montagne où s'élevait la ville de Latiscon, plus tard Roussillon (3), et par le *Laing* (4) (Laigne), qui passait au bas de la ville de Landunum (5), *Lansuine* ou Lantz sur Laigne (*Landunum ad Lagnium*).

Lansuine fut, à n'en pas douter, d'une très-grande importance; car les voies romaines dont on retrouve les traces dans les environs, attestent que cette cité recevait leurs nombreux réseaux. La principale était la grande route militaire de Langres à Auxerre, qui traversait l'Ource et la Seine sur les ponts de Brion et d'Etrochey, où se réunissaient plusieurs levées semblables; passait au pied de Latiscon et traversait Landunum. Deux autres paraissaient se diriger l'une sur Bar-sur-Aube, l'autre sur *Alesia* (Alise). Les traces de plusieurs se voient encore dans la forêt de Maulne, et toutes se dirigent sur Lansuine.

M. Delamote dit, que le *Landunum* des Lingons était une de leurs principales villes après *Automadunum*, aujourd'hui Langres. « Située sur le territoire du pays des Lingons et sur les confins de celui des Eduens, cette ville était d'une origine celtique, et fut le premier chef-lieu de ce canton, nommé depuis Lassois. Elle était bâtie à une demi-lieue de Molesme, sur une colline fort escarpée. On trouve encore sur cette éminence, qui fait partie du territoire de Vertaux, toutes les marques d'une ville ruinée » (6).

(1) Lapérouse.

(2) Ce mot celtique signifie *sinueux*.

(3) La ville de Roussillon couronnait la montagne où on aperçoit l'église de Vix, sur la route de Bar-sur-Seine à Châtillon.

(4) Mot celtique signifiant *bord de rivage* ou *rivière*.

(5) En celtique, *dunum*, *dum* signifiait hauteur.

(6) L'emplacement est situé près de Molesme, sur la montagne qui domine le village de Vertaux, à 6 kilomètres de Ricey. On y a trouvé plusieurs vases romains, des casques, boucliers, etc. L'auteur de cette Notice y a trouvé une médaille d'argent de Néron; une, en métal, de Postume, et plusieurs autres.

Pierre de St-Julien de Baleure, dans son *Histoire des Bourgongnons*, à la page 24, s'exprime ainsi: « Auprès de Molesme, abbaye fort célèbre et de grand revenu,

La position territoriale du pagus fut cause qu'il eut à souffrir, plus que tout autre, des guerres qui eurent lieu, à de si fréquentes époques, entre ces différentes peuplades, et des ravages causés par les invasions qui se succédèrent si rapidement.

Vignier rapporte que, lors de l'invasion du barbare Arioviste, roi des Germains, quatre cantons des Helvétiens et autant de peuples voisins avaient abandonné leurs demeures pour se soustraire à la servitude, cherchant à se réfugier au-delà du Rhône et de la Saône. Les Helvétiens, arrêtés au passage du Rhône par les Genevois, avaient côtoyé le Jura et gagné le pays des Eduens, en traversant celui des Séquanais et des Sébusiens; mais les Rauraciens, les Raurices et d'autres peuplades qui les suivirent, ayant traversé plus facilement la Saône vers sa source, se détournèrent de la forteresse des Lingons et ravagèrent le pays des Ambarres (1), au lieu de se réunir aux autres sur le territoire des Eduens. C'est alors que César fut, dit-on, appelé par les Ambarres : il chargea cette multitude indisciplinée et la tailla en pièces; ceux qui échappèrent, au nombre d'environ 130 mille, se réfugièrent non loin de Langres, où ils furent battus de nouveau. Après les avoir désarmés, on les renvoya dans leur pays, à l'exception des Boïens et des Rauraciens, qui, dispersés parmi les Eduens et les Ambarres (2), fondèrent, plus tard, les Riceys (3).

César quitta enfin la Gaule et se hâta de reparaître en Italie, où de grandes agitations politiques réclamaient sa présence.

Mais, lasse de l'esclavage qui pesait sur elle, la Gaule s'apprêtait au plus terrible effort pour reconquérir son indépendance. Les nouvelles des troubles de l'Italie, l'absence de César encouragèrent les Gaulois. Les

est une grande campagne de terres labourables, où ne se voit ny mur ny masure, et néanmoins ceux qui y labourent disent que là était jadis une grande et belle ville, qu'ils nomment *Lansuine la grande.* »

(1) *Vignier* dit que le pays des Ambarres est celui de Bar-sur-Seine et Bar-sur-Aube, puis enfin le pays nommé aujourd'hui Barrois; et *Rouget*, dans son *Histoire de Bar-sur-Seine*, dit que le pays des Ambarres était près de Châlons. Rouget a fait erreur, la contrée que lui assigne Vignier est bien celle qui lui appartient. Cet historien dit que Bar-sur-Seine semble tirer son nom de la montagne qui couvre cette ville, et qui peut être considérée comme une barrière qui lui servait autrefois de défense. Les villes de Bar-sur-Aube et Bar-le-Duc sont ainsi placées.

(2) César, dans ses *Commentaires*, parle de cette bataille, sans en préciser le lieu.

(3) Vignier, qui rapporte ce passage, assigne pour chef à cette colonie suisse le prince Divico, mort et inhumé aux Riceys.

Rouget conteste encore ce qu'avance Vignier sur la fondation des Riceys. Comme nous nous réservons, plus tard, d'émettre notre opinion à ce sujet, appuyée de nouvelles recherches faites sur cette localité, nous nous abstiendrons quant à présent.

députés de la plupart des peuples Gallo-Kimriques prêtèrent, au fond de la forêt sainte des Carnutes, le plus solennel de tous les serments : ils jurèrent, au nom de leur nation, de ne jamais abandonner les étendards une fois déployés pour la guerre de la délivrance.

A la nouvelle de l'insurrection des Carnutes, qui, se jetant sur Genabe (Orléans), mirent à mort et jetèrent dans la Loire tous les Romains et les marchands étrangers, Vercingétorigh leva l'étendard de la révolte dans Gergovie, capitale des Arvernes. Chassé de la ville par les principaux citoyens, il s'élança dans les montagnes, arma tout ce qu'il y avait d'hommes courageux dans la contrée, et rentra dans Gergovie à la tête d'une armée entière qui le proclama chef du peuple Arverne.

Une partie de la Gaule répondit à l'appel de Vercingétorigh, lui déféra le commandement suprême et lui envoya des ôtages.

César, instruit de la coalition formée contre la puissance romaine, revole du Tibre sur le Rhône avec la rapidité de la foudre ; traverse le territoire Eduen à marches forcées pour se mettre à la tête de dix légions du nord, auxquelles il avait donné rendez-vous chez les Lingons, qui lui étaient restés fidèles, et ouvre la campagne malgré la rigueur de la saison.

Alors commença la plus terrible guerre que les Romains aient soutenue en Gaule ; mais les mille factions individuelles qui déchiraient ce pays, le manque de tactique militaire, cet esprit indisciplinable qui régnait toujours dans les armées Gauloises, empêchaient son affranchissement. Les confédérés se jetèrent sur le territoire des Lingons, qu'ils ravagèrent à cause de sa neutralité. Mais bientôt, poursuivi par les Romains, Vercingétorigh battit en retraite vers Alésia (1), chef-lieu du petit pays des Mandubes (Auxois), antique cité qui passait pour avoir été fondée par les Phéniciens, et qui était bâtie au sommet d'une haute colline, appelée aujourd'hui le *Mont Auxois* (à trois lieues de Semur).

César s'abstint de toute attaque de vive force contre un ennemi égal en nombre et supérieur par sa position ; mais il conçut un projet gigantesque, celui d'enfermer à la fois la ville et l'armée Gauloise dans une circonvallation de onze milles, flanquée de vingt-trois forts.

Assiégé et n'ayant que pour trente jours de vivres, le chef Arverne jeta un cri de détresse qui fut entendu de toutes les nations Gallo-Kimriques : toutes se hâtèrent d'armer pour sa délivrance.

(1) Alésia, capitale des Mandubiens. Aujourd'hui il ne reste rien de cette ville. En bas de la montagne où elle existait se trouve le village d'Alise (Ste-Reine), près Montbar.

Le héros de la Gaule attendit plein de confiance. Il ne fut pas trompé. L'armée des confédérés, forte de deux cent quarante mille fantassins et huit mille chevaux, et commandée par quatre chefs intrépides, parut et se déploya enfin sur les collines qui s'élevaient en face du mont d'Alésia.

Assailli alors par Vercingétorigh et par l'armée de secours, César vit le nombre et la valeur se briser contre son génie et les merveilles de la science militaire.

Rompue après un carnage affreux, la grande armée Gauloise se dispersa dans toutes les directions pour ne plus se rallier, et les défenseurs d'Alésia, abandonnés sans retour par leurs compatriotes, députèrent vers César pour connaître ses volontés.

Le proconsul ordonna qu'on lui amenât les chefs et qu'on lui livrât toutes les armes. Vercingétorigh, chargé de liens, fut réservé aux pompes outrageantes du *triomphe*. César garda vingt mille prisonniers, donna tous les autres captifs comme *butin* à ses soldats, et fit détruire la malheureuse cité.

La pacification de la Gaule ne fut point achevée par J.-César, mais par son neveu et son héritier, Octavien-Auguste, qui, après la défaite d'Antoine et la fin des grandes guerres civiles, exécuta de nombreuses réformes politiques et législatives.

Mais la vieille nationalité pourtant n'était pas encore toute engloutie sous les flots de la civilisation conquérante ; elle s'était réfugiée au cœur du peuple toujours fidèle aux affections et aux instincts patriotiques, et ennemi des innovations étrangères. Le Druidisme repoussait avec horreur toute transaction entre sa haute théogonie et cette religion officielle de Rome, à laquelle les Romains eux-mêmes ne croyaient plus. Aussi, pour assimiler la Gaule à l'Empire, le gouvernement impérial procéda avec lenteur, et la sagesse d'Auguste arrêta le mécontentement populaire.

Cependant les impôts, déjà lourds sous le règne de ce prince, s'étaient aggravés sous Tibère (21 ans après J.-C.). Bientôt les populations ne purent suffire à l'accroissement des charges et à de nombreuses exactions.

La colère du peuple couva longtemps sans explosion redoutable, mais enfin la patience manqua aux victimes. Deux hommes de courage et d'intelligence, Julius Florus et Julius Sacrovir, se mirent à la tête d'une conjuration pour rétablir l'indépendance de la Gaule, mais ils échouèrent complètement. Deux autres insurrections, l'une conduite par le sénateur gaulois C. J. Vindex, l'autre par un Boïen de la plus basse classe du peuple, nommé Maric, éprouvèrent le même sort.

Mais il existait en Gaule des germes de nouveaux bouleversements : 69 ans après J.-C., au moment où Claudius Civilis, chef Batave d'un grand courage, attaquait les légions romaines, les Druides et les Bardes sortaient des forêts en chantant la ruine prochaine de Rome :

« Les dieux de la Gaule ressaisissent le monde, s'écriaient-ils, le Ca-» pitole et le Temple de Jupiter ne sont plus! La possession des choses » humaines est transférée aux nations transalpines! »

A la voix des prêtres d'Hésus, le nord et l'ouest s'ébranlèrent; les Trévires et les Lingons, ces vieux alliés de Rome, cédèrent à l'impulsion de trois chefs ambitieux, Classicus, Julius Tutor et Julius Sabinus, et proclamèrent l'établissement de l'*Empire des Gaules*.

Sabinus, un des moteurs de la rébellion, voulut résoudre la crise à son profit : il prit le titre de César et entra sur les terres des Séquanes, à la tête de ses compatriotes, les Lingons. Les Séquanes, demeurés fidèles à Rome, battirent les Lingons; Sabinus s'enfuit, se cacha et se fit passer pour mort.

Les Trévires, les Lingons, les Nerviens et quelques autres peuples Belges persistèrent dans la révolte jusqu'à l'arrivée de Vespasien. Mais après la perte d'une sanglante bataille, les Lingons déposèrent les armes. Il n'y eut point de merci pour les rebelles gaulois : cent treize sénateurs Trévririens, avec leurs chefs, Classicus et Tutor, se donnèrent la mort ou allèrent chercher un asile au fond des forêts germaniques. Julius Sabinus ne fut découvert et arrêté qu'au bout de neuf années : il était resté presque tout ce temps enseveli dans un souterrain avec sa femme Eponine ou Peponila, dont Plutarque a immortalisé le dévouement par ses touchants récits. Sabinus et Eponine furent enfin pris et conduits à Rome, eux et leurs deux enfants. Eponine se prosterna avec ses fils devant l'empereur : « Vois, dit-elle, César, je les ai engendrés et nourris dans les tombeaux pour que nous fussions plus de suppliants à t'implorer! » Vespasien fut inflexible et ordonna le supplice de Sabinus.

« Fais-moi donc mourir aussi, s'écria-t-elle alors, en se relevant fiè-» rement; car j'aime mieux les ténèbres de mon antre que la lumière du » jour en face de Vespasien empereur! » Et elle suivit son époux au supplice.

L'emplacement du souterrain où furent découverts Eponine et Sabinus, se trouvait, d'après quelques historiens, près de la ville de Langres; mais l'inscription trouvée à Griselles (1) ne laisse aucun doute; les ruines de l'ancien castel romain, qui couronnent le mont au pied duquel est assis le village, sont l'endroit où eut lieu le sublime dévouement d'Eponine. Le père Vignier, qui, le premier, parle de ce souterrain comme étant le re-

(1) Voyez Vignier, *Chronicum Burg.*, et Lapérouse, *Histoire de Châtillon*.

fuge de Sabinus, s'appuie sur la découverte, qu'il fit dans le chœur de l'église, de l'inscription suivante :

MONIMENTVM . SABINEI . I. SABINIANI — A. N. — IX. X. I. II.

Ce sépulcre est recouvert d'une pierre d'une nature et d'un style tout différents; car elle est ornée d'anges et de croix ; c'est le tombeau de St-Valentin, patron du pays. Nous reviendrons sur ce sujet lorsque nous serons à l'époque où vivait ce saint.

CHAPITRE II.

Après la mort de Marc-Aurèle (17 mars 180), l'empire romain succomba sous les plaies incurables que les grands empereurs du IIe siècle s'étaient attachés à guérir, mais en vain! La fraude, la violence, l'usure précipitaient les citoyens eux-mêmes dans la servitude, et augmentaient l'esclavage que les édits impériaux ne purent arrêter.

A ce fléau social correspondait un mal d'un autre ordre : l'anarchie religieuse. Rome flottait, indécise, de toutes les superstitions à toutes les philosophies. Elle recherchait avec ardeur les émotions des voluptés honteuses, et se vautrait avec frénésie dans les excès d'un sensualisme effréné. Mais toujours elle trouvait au fond de ses tristes joies le vide et le néant, que la doctrine de l'*Idéal*, la métaphysique sublime de Platon, le stoïcisme, asile des forts, et l'épicuréisme d'Aristippe, ne purent combler.

Enfin s'éleva d'Orient une religion qui apporta au monde périssant d'égoïsme et de sensualité, une nouvelle théorie de la vie universelle. Au cri poussé par les apôtres de l'évangile, les esclaves, les pauvres et les femmes levèrent la tête. Ils comprirent cette voix qui proclamait tous les hommes frères et égaux devant le Seigneur, et promettait, en échange des plaisirs et des vanités terrestres, une résurrection future et une immortalité bienheureuse.

Les germes du christianisme, déposés dans les Gaules par Saint-Paul, portèrent leurs fruits en l'année 177, à Lugdunum. Le peuple ameuté chassa les chrétiens des bains, du forum, de tous les lieux publics, et en arrêta violemment plusieurs qui subirent la torture et moururent pour leur foi.

Au moment où la religion naissante venait de s'introduire chez les Eduens, le pasteur Benigne fut envoyé par Saint-Polycarpe, disciple de l'apôtre Jean, pour évangéliser dans *Divionensis* (Dijon), nouvelle cité que Marc-Aurèle venait de fonder, et qui devint plus tard la capitale de la Bourgogne. Benigne fut accueilli avec enthousiasme, il planta la croix dans la nouvelle colonie, et les rayons lumineux qu'elle refléta, se répandirent chez les Lingons et les Senones; alors les Romains crurent qu'en livrant aux plus horribles supplices celui qui renverserait leurs dieux, ils étoufferaient en lui le germe de la religion du Christ. Erreur, ils favorisaient son développement, car l'exemple du bienheureux Benigne enflamma d'un nouveau zèle les compagnons de son apostolat. *Autodunum* (Langres) éleva presque aussitôt une chapelle à Saint-Jean, où les néophytes accoururent en foule recevoir les eaux du baptême; les trois frères Speusipe, Eleosipe et Meleusipe y furent les premiers baptisés et reçurent peu de temps après la palme du martyre, ainsi que Sainte Léonille. Ces évènements se passèrent en 180; mais ce ne fut vraiment que vers l'an 220, lorsque le premier évêque de Langres, Senateur, fut élu, que la religion du Christ prit du développement dans ce diocèse; St-Savinien convertissait les Senones, et St-Potentin les Tricasses (Troyes).

Rome n'ignorait pas que le christianisme devait non-seulement renverser les dieux qu'elle adorait, mais encore ébranler sa puissance; elle voulut frapper, mais il était trop tard, les racines de la croix ne pouvaient plus être extirpées. Les persécutions contre les chrétiens se poursuivaient avec acharnement, St-Valier et St Florent, du diocèse de Langres, furent martyrisés.

Au moment où le Laçois embrassait la foi du Christ, une invasion de barbares vint ruiner ce malheureux pays. Les Francs, les Germains et autres peuplades dévastèrent tout le territoire compris entre Dijon et Troyes, ne laissant derrière eux qu'un immense désert; Landunum (Lansuine) était rasée jusque dans ses fondements. Constance Clore atteignit ces hordes dévastatrices, ainsi qu'une colonie de Lœtes, qui cherchait encore à pénétrer dans cette partie de la Gaule, les tailla en pièces et imagina de conduire les vaincus dans les contrées mêmes dont ils venaient d'exterminer les habitants; hommes, femmes, enfants, vieillards, tout fut transporté sur ces terres devenues incultes depuis qu'ils les avaient ravagées. Le pays de Langres recouvra alors une population nouvelle, Landunum fut relevée de ses ruines par la nouvelle colonie, mais elle cessa d'être la capitale du Pagus Latiscensis. Roussillon, qui venait aussi d'être reconstruite par les Lœtes, devint chef-lieu du canton qui prit le nom de Lœçois, à cause de ses nouveaux fondateurs, car nous avons fait un anachronisme en lui donnant le nom de Lœçois par anticipation.

Ce canton forma un archidiaconé, appelé dans les vieilles chartes archidiaconé du Lœçois ou Lassois; il comprenait une partie du doyenné de de Bar-sur-Seine et celui de Châtillon. Le nouvel ordre de choses ayant amené le déplacement du siège administratif du canton, nécessita une autre organisation territoriale. Chaque peuplade resta séparée et s'administra elle-même. Les Lœtes eurent en partage Roussillon et Lansuine; alors un nouveau canton se forma, ce fut celui du Barrois, il se trouva posséder une partie de l'ancien Pagus dont Lansuine était la capitale. Le nouveau canton comprit dans sa circonscription les bourgs et villages suivants :

Riciacum (Ricey-le-Val). . . . .
Alta-Ripa (Ricey-Haute-Rive). .
Villa-Morianæ (Villemorien). .
} *Hist. de Bourg.* p. 2. VIIIe siècle. Tous trois faisaient partie du Laçois avant ce démembrement, comme on le verra par la suite.

Moræ (Mores),
Cacentium (Chassenay),
Avalloriæ (Avalleur),
Buxeria (Buxières),
Arrelliæ (Arrelles).
Juliacum (Juilly), (CHIFFLET, de *Jules-César.*)
Cellæ (Celles),
Locellæ (Loches),
Polesium (Polisy),
Riellium-Aquosum (Riel-les-Eaux),
Villa-Nova (Villeneuve),
Villa-super-Arciam (Ville-sur-Arce),
Landrici-Villa (Landreville) : c'est en ce village que sainte Beline fut martyrisée.

Il y eut plus tard de nouveaux changements que nous ferons connaître en temps et lieu.

Courlepée, à qui nous empruntons la curieuse description des villages composant le canton du Barrois, continue ainsi :

« Le *pagus Barrensis*, ou canton de Barrois, tire son nom de Bar-sur-» Seine, *Barrum*, *Barrium*, ancienne ville connue dans l'histoire dès » l'année 464, de la dépendance des Lingons. Un capitulaire de Charles-» le-Chauve, de l'an 853, le place entre *Pertusium* et *Canusium*. Un » partage des états de Lothaire, en 870, le met entre *Ordonense* et *Por-» tense*; et Nichard lui donne pour confins les cantons du Pertois et de » Brienne, *inter Partensem et Brionensem*.

« On trouve ce *pagus* sous la dénomination de *comitatus Barraren-» sis*, dans une donation qu'Albéric, archidiacre du Barrois et doyen » de Langres, fit à son église en 935 (*Gallia Christ.* T. IV, p. 546). »

A peine les Lœtes eurent ils relevé les villes de Lansuine et de Latiscon, que plusieurs peuplades barbares vinrent encore se jeter sur cette partie de la Gaule, et détruisirent leur colonie. Julien, après avoir poursuivi les envahisseurs jusqu'à Auxerre, et d'Auxerre à Troyes, fit comme Constance Clore, les força de rester dans le Lassois, qu'ils venaient de parcourir en le dévastant. On attribue à cette colonie la fondation de nouveaux villages : ceux de Neuville et Villeneuve, qui, d'après quelques auteurs, auraient été fondés en ce temps.

Puis vient, après ces bandes, Chrocus avec ses Vandales : il met le siège devant Langres, où l'évêque Didier se dévoue inutilement pour les arrêter. Chrocus, maître de la ville, en fait massacrer les habitants et continue sa marche sanglante à travers le pays des Lingons ; les cantons du Lassois et du Barrois sont ravagés de nouveau par le fer et par le feu. Landunum est de nouveau détruite. Le passage de Chrocus est marqué par la ruine des temples, le massacre des habitants, la destruction des cités. C'est ainsi que, suivant la grande route militaire qui conduisait de Langres à Châlons, et de là à Rome, par le canton du Laçois et Til-Châtel, il fait presque un désert du beau pays qui, plus tard, se nomma la Bourgogne.

Ce farouche germain, après avoir ruiné Landunum et le château de Chatillon, se porte sur Roussillon. Mais trouvant cette ville bien fortifiée par l'art et la nature, et de plus défendue par une forte garnison, il y laisse une grande partie de son armée, tandis qu'il continue le cours de ses sanglants exploits. Après une longue résistance, la garnison de Roussillon épuisée songeait à capituler, quand un des assiégés proposa de prendre un jeune bœuf, de le faire jeûner pendant trois jours, de le rassasier ensuite de froment et de le laisser échapper de la ville, afin que, poussé par la soif, il courût se désaltérer à la fontaine voisine. Cet avis est adopté et mis à exécution. Le bœuf, chassé de la ville, est pris par les assiégeants qui le tuent. Etrangement surpris de trouver ses entrailles pleines de blé, et persuadés qu'ils s'obstinent en vain, que la ville est imprenable par sa situation, et qu'elle ne peut être prise par famine, ils lèvent le siège et se retirent précipitamment.

En voyant la fuite des assiégeants, les habitants de Roussillon courent aux armes et s'élancent sans ordre sur les pas des barbares. Ils les atteignirent à une lieue de leurs remparts, près des Jumeaux. Le combat s'engagea avec opiniâtreté ; mais la garnison de Roussillon, affaiblie par la longueur du siège et bien inférieure en nombre, commença à se replier peu à peu vers les murs de la ville. Encouragés par ce succès inattendu, les Vandales redoublent d'ardeur : le carnage devient horrible, bientôt la terreur est à son comble ; les assaillants éperdus fuient de tous côtés, et les barbares entrent pêle-mêle avec eux dans la ville, qu'ils brûlèrent après en avoir égorgé tous les habitants (1).

Toutes ces hordes dévastatrices avaient ruiné le canton du Laçois et d'autres parties de la Gaule. Plusieurs empereurs romains firent arracher la vigne dans ces contrées, pensant que la liqueur qu'elle fournit était une cause de ces ravages incessants. Ce fut Julien qui la fit replanter.

L'an 302, Dioclétien publia l'édit le plus terrible et le plus barbare qui ait jamais affligé la chrétienté. Les chrétiens furent partout persécutés; Ricius Warus (2) en fit martyriser un grand nombre dans les Gaules, principalement dans le diocèse de Langres. Tous les plus affreux supplices, etalés aux yeux des néophytes, ne faisaient que les engager à persister dans la foi catholique.

Julien, qui avait embrassé le christianisme, et, par cet exemple, encouragé beaucoup de gens retenus par la crainte des supplices, le renia pour adorer de nouveau les Dieux de Rome, et fit persécuter les chrétiens.

Son apostasie se manifesta, dans le pays de Langres, par le martyr des BB. Libraire et Suzanne, puis celui de sainte Bologne, saint Amâtre du comté de Tonnerre.

En l'an 364, Auguste avait partagé la Gaule Transalpine en quatre départements, Dioclétien la divisa en douze provinces; puis, enfin, Valentin en forma dix-sept préfectures. Cette organisation n'amena que de faibles changements dans le Laçois ou pays de la montagne, qui se trouva faire partie de la 1re Lyonaise. Cet état subsista jusqu'à l'époque où les Francs, les Bourguignons, les Suèves et les Vandales vinrent s'emparer de ces provinces, qui dès-lors ne reconnurent plus la domination romaine.

CHAPITRE III.

Vers le commencement du Ve siècle, les Vandales, commandés par Godégisle; les Suèves, sous les ordres de leur roi Riciaire (3); les Alains, les Bourguignons, sous la conduite de leurs Hendins, portant sur leurs étendards la figure d'un chat, emblême de la sauvage et primitive liberté, s'acheminent vers les Gaules; ils détruisent tout sur leur passage. Les châteaux bâtis sur des rochers escarpés, les bourgades situées sur les plus hautes montagnes, les villes les mieux fortifiées ne purent garantir

(1) Les détails de ce siège, un peu suspects, sont consignés dans deux manuscrits de Pothières.

(2) VIGNIER.

(3) NICOLAS VIGNIER, *Histoire des Français*.

leurs habitants de la fureur des barbares. Des populations entières furent exterminées ; saint Hiéronyme dit : « Quand tous les flots de l'Océan auraient inondé cette contrée, ils n'y auraient point fait de si horribles dégâts. » Les Bourguignons se fixèrent dès ce moment dans le pays des Eduens ; Lansuine fut pour la dernière fois détruite, ou du moins il n'en est plus parlé dans l'histoire. Cependant, une légende de saint Valentin ferait penser qu'il y avait encore une bourgade sur son emplacement qui aurait été, plus tard, détruite par les Normands (1).

Une fois les Burgundes établis dans ce pays, la domination romaine cessa ; mais Langres, le Laçois ni le Barrois n'étaient encore en leur pouvoir. Ces peuplades, que nous venons de voir si cruelles, si turbulentes dans leurs courses, devinrent agriculteurs et paisibles. Gondicaire, leur chef, établit à Genève le siège du premier royaume barbare qui ait été fondé dans les Gaules. Bientôt Gondice étendit les conquêtes de Gondicaire, porta ses armes vers le nord, jusque dans la cité des Lingons, et leur enleva deux *pagi*, ceux de Lœçois et du Barrois. Ce fut à cette époque que le pays qui, plus tard, devint le comté de Bar-sur-Seine, passa entre les mains des Burgundes. Bar-sur-Seine paraît avoir toujours été la limite du royaume que ces derniers fondèrent sur les débris de cette partie de la Gaule. Maintenant que le pays dont nous nous occupons appartient aux Bourguignons, nous croyons devoir consigner ici un passage de saint Sidoine Appolinaire, qui vivait au milieu du Ve siècle : « Comment voulez-vous, écrit-il à un de ses amis, que je pense à faire » des vers de six pieds, en présence de ces hommes qui en ont plus de » sept, tant leur taille est gigantesque? Pourrai-je faire quelque chose » d'agréable ou d'élégant, entouré que je suis par des chasseurs à longs » cheveux, mal peignés et graissés de beurre rance ; par des hommes sau» vages qui parlent un idiôme inintelligible ? Que vos yeux et vos oreilles » sont heureux de ne pas voir et de ne pas ouïr ce peuple de géants ! que » je félicite votre odorat de ne point aspirer l'odeur d'ail et d'ognon ex» halée par ces hommes, qui en mangent jusqu'à dix bottes par jour. » Quel moyen de préluder sur la lyre parmi les ivrognes qu'on entend » chanter jour et nuit, ou plutôt beugler au milieu de leurs débauches » ou de leurs orgies. »

Comme on le voit, saint Sidoine nous fait un bien triste tableau de ceux qui vinrent habiter notre contrée et dont nous sommes les descendants.

(1) Cependant, ayant bien observé les débris qui couvrent le sol, ainsi que les médailles que j'ai trouvées sur cet emplacement, j'ai remarqué que tout appartient à l'époque romaine.

Le proverbe de *Bourguignon salé* a été interprété de plusieurs manières, par différents historiens : les uns prétendent que son origine vient de ce que, pendant les guerres de Charles VII avec le duc de Bourgogne, les habitants du bourg d'Aigues-Morte firent main-basse sur la garnison Bourguignonne, qu'ils égorgèrent et en mirent les chefs dans une cuve avec du sel, afin de prouver leur dévouement au roi. D'autres pensent que les nombreuses salines que possédait la Bourgogne ont donné lieu à cette qualification. Ni les uns ni les autres ne sont dans le vrai ; une preuve, c'est que les légendes antérieures aux guerres de Charles VII rapportent déjà cette expression vis-à-vis des Bourguignons. Mais, comme le pense un historien plus véridique, les Bourguignons ayant embrassé les premiers la religion chrétienne, le sel employé pour le baptême a dû donner lieu à ce proverbe.

Ceux qui ont contredit cette dernière version, disent que l'éloignement de l'époque où les Bourguignons embrassèrent le christianisme ne permet pas de croire que les générations aient pu se la transmettre de siècle en siècle, jusqu'à nos jours. Pourquoi, par exemple, le proverbe de 99 moutons et un Champenois est-il conservé; il est cependant antérieur au christianisme, puisque la Champagne doit cette épithète à Jules-César, qui, ayant imposé un droit sur chaque troupeau de 100 moutons qui entrerait à Lutèce, fut prévenu qu'un Champenois, voulant échapper à ce droit, ne se présentait, pour passer, qu'avec 99 moutons, à quoi César répondit : Allez ! 99 moutons et un Champenois font 100 bêtes.

Le royaume de Bourgogne établi, l'organisation primitive par cantons, du pays des Lingons, cessa à peu près ; on forma des divisions ecclésiastiques. Bar-sur-Seine se trouva appartenir à l'évêché de Langres, et former un doyenné qui, réuni à celui de Roussillon, et plus tard Châtillon, formèrent ensemble un archidiaconé. Puis, ces mêmes archidiaconés furent, en outre, régis par des comtes (*comes*), nom qui, dans son acception originaire, pourrait se traduire par celui d'assesseur, dont les fonctions avaient beaucoup d'analogie avec celles de *magistratus*, que le gouvernement républicain de Rome adjoignait aux proconsuls envoyés dans les provinces. Ces comtes ou magistrats étaient choisis parmi les anciens, on les appela *seniores* ; de là seigneur; et aujourd'hui le titre de seigneur et de monseigneur n'est plus qu'un contre-sens : ceux qui se servent de ce nom ne comprennent pas qu'il signifie *mon ancien*, *mon vieux*.

Le comte n'avait qu'un arrondissement borné, le plus souvent une seule ville et ses dépendances ; il était en même temps juge administrateur civil et militaire. En cas de guerre, il conduisait lui-même à l'armée le contingent du comté : cette charge n'était point héréditaire; mais, plus tard, ces comtes surent usurper ce droit et devinrent autant de petits tyrans guerroyant l'un contre l'autre.

Roussillon, ou pays de la montagne, érigé en comté, comprit dans son gouvernement les deux cantons du Lassois et une partie du Barrois. Bar-sur-Seine en fit partie jusqu'à la destruction de Roussillon (1).

Attila, le fléau de Dieu, comme il voulait qu'on l'appelât, pénétra dans la Gaule, ravagea une partie de la Champagne et s'élança sur Troyes. A son approche, saint Loup, évêque de cette ville, en fit ouvrir les portes, et Attila, étonné, passa sans causer aucun dommage. Ceci parut si extraordinaire, qu'on accusa le saint évêque d'avoir fait un traité avec le barbare, et il fut obligé de se réfugier sur le mont Latiscon, aujourd'hui saint Marcel, près Châtillon.

Attila fut vaincu près de Châlons par les Goths, les Francs et les Bourguignons réunis. Alors, furieux de sa défaite, il se jeta, avec le reste de ses troupes, sur le diocèse de Langres, qu'il dévasta. En passant à Bar-sur-Aube, il donna la palme du martyre à sainte Germaine. Langres, puis, cette fois, Troyes et tout le pays d'alentour furent pillés. Ce furent ces mêmes Vandales qui, après leur défaite, fondèrent la ville de Vandeuvre.

Chilpéric, dont le siège de sa puissance était à Genève, venait de mourir sans enfant. Gondebaud, Childéric II, Gondemard Ier et Godégisile se partagèrent les deux royaumes. Langres, Sens et tout le pays compris entre les deux villes furent la part de Childéric ; Gondebaud eut Châtillon, Mâcon, le pays des Eduens et Lyon ; les deux autres, les Séquanais et les Rauraciens.

Childéric était à peine en possession de son gouvernement, qu'il s'en fit chasser par sa conduite scandaleuse et le dérèglement de ses mœurs. Gunemaud, fidèle et dévoué serviteur de Childéric, remit à ce prince, lors de son exil, la moitié d'un anneau d'or : « Lorsque l'autre moitié vous sera remise, » dit-il à son maître, « c'est que vous pourrez rentrer dans vos états. » Effectivement Gunemaud disposa les esprits en l'absence de Childéric, et parvint bientôt au résultat qu'il attendait. Alors il envoya au roi l'autre moitié de l'anneau. Childéric se mit en route. Le comte Wiomade, qui lui était resté fidèle, le reçut dans le pays de Bar-sur-

(1) VIGNIER, *Décade Historique* (manuscrit), p. 5. Ce même auteur dit que le doyenné de Bar-sur-Seine faisait partie de l'ancien Ambarrois, mentionné par César et dans Tite-Live, et qu'il le prouvera dans sa troisième Partie. — Cet ouvrage n'existe plus dans aucune bibliothèque.

Seine (1). De Bar, le roi partit pour Soissons, où il fut réélu de nouveau.

Gondebaud, qui possédait le pays de Châtillon et des Eduens, était un roi barbare, sans aucun attachement pour la religion. Ce fut lui, cependant, qui laissa les lois *Gombettes* ou des Bourguignons. Gondebaud avait une nièce d'une grande piété nommée Clotilde, dont il avait fait égorger le père. Clotilde venait d'être demandée en mariage par Closwig (Clovis) à Gondebaud; celui-ci la lui promit; mais Clotilde connaissant la variation du caractère de son oncle, partit de Dijon pour aller rejoindre Clovis, qui, en ce moment, était dans le Rémois. Clovis ayant appris la détermination de sa fiancée, alla au-devant d'elle et la rencontra près de la ville de Bar-sur-Seine (2). Peu de temps après, Clovis fit vœu d'embrasser la religion de Clotilde s'il triomphait des ennemis qu'il allait combattre. Il fut vainqueur, et Remigius (saint Remy) lui donna le sacrement du baptême.

CHAPITRE IV.

Pendant les évènements que nous venons de raconter, le catholicisme avait pris un grand développement dans les Gaules : l'exemple de Clovis avait achevé les conversions. L'armée chrétienne étant devenue nombreuse, il se forma une réserve en dehors de la troupe militante. Des âmes ferventes, encore étonnées des grandes choses qui venaient d'être révélées au monde, sentirent le besoin de se recueillir pour comprendre et goûter la vérité. Alors les pieux ermites, répandus çà et là, pensèrent que le moyen à employer pour achever l'œuvre commencée, était de se rapprocher les uns des autres, ce qui permettrait de pouvoir adresser en corps leurs prières à la Divinité, et de donner, dans les nouveaux établissements qu'ils formeraient, un asile à ceux qui étaient persécutés pour la foi ; car, souvent, au sein d'une famille d'idolâtres, un enfant converti à la nouvelle religion trouvait dans son père même un ardent persécuteur ; il lui fallait fuir alors et trouver une retraite. Les communautés religieuses n'ont pas d'autre origine.

En 482, saint Hilaire (3), puissant seigneur du Tonnerrois, de con-

(1) Quelques historiens disent que la rencontre de Childéric et de Gunemaud eut lieu à Bar-le-Duc. Nous empruntons ce passage de notre récit à Vignier.

(2) VIGNIER. Ce fait est encore contesté par quelques historiens qui fixent un village près de Troyes.

(3) Saint-Hilaire et Saint-Florentin furent martyrisés dans la ville de *Pseudunum* (Semond), ville détruite, non loin de Châtillon. Il ne reste plus qu'un hameau.

tert avec sainte Quiète, sa femme, fondèrent un des premiers établissements religieux qui s'élevèrent dans le pays dont nous nous occupons: c'était l'abbaye de Réomé, plus tard Moustier-saint-Jean, qui devint si célèbre, et dont les puissants abbés furent administrateurs des églises de Bar-sur-Seine, des Riceys et de beaucoup de bourgs et villages du comté de Bar.

Jean, fils de saint Hilaire, devint le premier abbé de ce monastère. Les talents et les vertus de cet homme pieux parvinrent bientôt jusqu'à Clovis, qui, voulant donner une marque de l'estime qu'il professait pour les nobles qualités qui le caractérisaient, lui abandonna toutes les terres qu'il pourrait parcourir en un jour, monté sur son âne. Les chroniques rapportent que Jean chemina si bien, qu'il enveloppa son couvent d'un immense terrain.

En 545, saint Seine fonda le monastère de ce nom; saint Valentin, illustre personnage du Laçois, fit élever, sur les ruines du château de son parent Sabinus, une petite église nommée *Eclesiola*; de là, par corruption, Griselles, que porte actuellement le village de ce nom.

Saint Valentin naquit dans la ville de Lansuine, d'une famille illustre, qui tirait son origine des Romains. Désirant mener une vie parfaite, il se retira sur une montagne voisine, et la légende dit qu'elle était tellement environnée de bois et de marais, qu'elle n'offrait d'accès qu'aux serpents et aux bêtes sauvages. C'est là qu'il fit élever une église en l'honneur des Apôtres.

Saint Vorle, de Marcenay, ange gardien et patron tutélaire de ce pays, vivait aussi en ce temps. Un chroniqueur rapporte que « Pendant la vie » du serviteur de Dieu, qui exerçait alors le sacerdoce à Marcenay, il » arriva que le vénérable roi des Bourguignons, qui devint plus tard » saint Gontran, passa dans ce village. Le prince, très-zélé lui-même » pour la religion, le pria de célébrer en sa présence le sacrifice de la » messe. Le ministre du Seigneur, pour répondre au désir du roi, com» mença l'office solennel selon l'usage; mais, après la lecture de l'évan» gile, il parut s'assoupir. Le roi et les grands qui l'accompagnaient, té» moins d'un évènement si singulier, ne pouvaient se dissimuler entre » eux leur inquiétude et leur surprise; mais aucun d'eux ne voulut se » hasarder à parler au bienheureux prêtre. Enfin, après une heure d'at» tente, le serviteur de Dieu, revenu à lui-même, continua l'office qu'il » avait commencé; et lorsqu'il eut fini, le roi l'aborda pour lui demander » ce qui lui était advenu. Alors, Vorle raconta que l'ennemi du genre » humain avait mis le feu à une maison du village de Plaines, tandis que » les habitants s'étaient rendus à Mussy pour entendre le service divin,

» n'ayant laissé dans le village qu'un seul enfant en bas-âge. Saint Vorle » ajouta que le Seigneur lui ayant fait connaître ce qui se passait, il » s'était hâté d'obéir à ses ordres, qu'il avait retiré l'enfant des flammes » et arrêté l'incendie. A ce récit, le roi, étonné, dépêcha des personnes » sûres, qu'il chargea de s'informer, sur les lieux, de la vérité du fait. On » confirma au roi ce que Vorle avait dit et rapporté ; qu'on avait vu en » effet Vorle auprès de la maison embrasée, et sauvant un enfant de l'in- » cendie. »

A cette époque vivaient saint Baudric, du canton du Laçois, saint Sétrique, etc. L'abbaye de Flavigny venait aussi d'être fondée par Waré ou Warées, de *Alta-Ripa* (Ricey-Haute-Rive), qui donna à ce monastère tout ce qu'il possédait en ce bourg, ainsi qu'un lieu appelé Corbigny, en Morvan, où s'éleva bientôt un monastère.

Ce fut sous le règne de Sigismond que tous ces établissements religieux commencèrent à s'élever ; et lorsqu'il succéda à Gondebaud, son père, il fonda la somptueuse abbaye d'Agaunes ou St-Maurice. On fit mourir ce roi peu de temps après, en le précipitant dans un puits. L'église le plaça au nombre de ses martyrs. Molôme était aussi fondé en ce temps.

Mais la division de la France en plusieurs royaumes, l'animosité et la jalousie des princes qui se contestaient la couronne et se disputaient, les armes à la main, quelques lambeaux de provinces désolées déjà par la famine et la peste, arrêtèrent l'essor des établissements religieux, et en détruisirent plusieurs autres à peine commencés. Le fléau le plus fatal fut la guerre que Thierry III, roi de Neustrie, soutint contre Dagobert II, roi d'Austrasie. En 677, la Bourgogne et principalement le diocèse de Langres furent ravagés par les armées des deux souverains. Les établissements religieux de cette époque, ruinés, ainsi que nous l'avons dit, par les querelles intestines des princes, furent relevés par un grand nombre d'illustres personnages du comté de Bar et de Tonnerre. Nous avons trouvé une liste des saints personnages qui illustrèrent par leurs vertus ces nouveaux monastères :

Sainte Salaberge, saint Ebbon, saint Guerry, saint Amâtre, saint Honabert, saint Honuphe, saint Bonnet, saint Ulmer, tous du Tonnerrois ; sainte Ingoarde, sainte Loteric, fille du comte de Tonnerre, dont le petit-fils devint comte de Bar-sur-Seine, et enfin Gengoud, seigneur du diocèse de Langres, qu'un grand nombre de miracles ont illustré, et dont les dérèglements de sa femme ont fait un martyr.

On fondait à cette époque l'abbaye du Puits-d'Orbe, dans le doyenné de Molesme, et Hugo, puissant seigneur du comté de Bar et de *Alta-Ripa* (Ricey-Haute-Rive), donnait tout ce qu'il possédait en ce bourg à l'abbaye de Flavigny.

CHAPITRE V.

Nous avons fait voir à nos lecteurs comment Roussillon devint capitale du canton du Laçois, depuis la destruction de Lansuine, et que la nouvelle cité avait été érigée en comté avec le pays de Bar-sur-Seine. Or, à l'époque où nous arrivons, ce comté appartenait à un puissant prince, Gérard de Roussillon, dont l'immense forteresse dominait non-seulement le Laçois, mais encore le pays de Bar, Sens et autres lieux. Gérard possédait, en outre, les deux Bourgognes, l'Auvergne, la Gascogne, la Provence, les comtés de Narbonne et Barcelonne. Cet immense domaine formait l'apanage menaçant de Gérard. Ce dernier et Charles-le-Chauve, roi de France, épousèrent les deux sœurs, filles d'un empereur de Constantinople; mais celle qu'épousa Charles-le-Chauve aimait Gérard. Le roi ayant surpris ce secret, jura haine au comte, et, à dater de cette époque, une lutte commença entre les deux princes. La rupture s'opéra par une contestation de deux comtés que le roi prétendit devoir faire revenir à la couronne; alors Gérard brisà tous liens de vassalité, et prit les armes contre son souverain. Le roi rassembla une armée et se disposa à combattre. Voici comment une légende du XIIe siècle raconte l'issue de la lutte engagée entre les deux princes :

« Un jour, revenant d'une chasse, le roi se présenta avec un nombreux
» cortège d'hommes d'armes sous les murs de Roussillon ; la vue d'un
» si fort château situé sur un mont à pic le déconcerta et l'arrêta.—« Ah !
» si j'étais là-haut, dit-il, au lieu d'être *çà-bas*, le comte Gérard ne serait
» pas si fier. »

D'après le légendaire, un traître aurait livré au roi, la nuit, une porte de la forteresse, et introduit l'ennemi dans la ville. Echappé à grand'peine et grièvement blessé, Gérard se retira à Avignon, d'où revenant avec des forces nouvelles, il reprit bientôt son château et sa ville de Roussillon.

Le roi se retira afin d'organiser des troupes pour marcher contre Gérard. Quand ce dernier envoya cent chevaliers à Orléans, où était Charles, afin de lui remontrer que lui, Gérard, n'avait pas manqué à ses devoirs de vassal, et n'avait fait que reprendre par la force ce qui lui avait été enlevé par trahison, un des chevaliers s'adressant au roi irrité : « Seigneur, nous méprisons vos menaces, et Gérard pourra bien vous mettre un tel frein, qu'on vous tiendra mieux qu'un mulet rétif :

« Vostre hoste est prêt, seigneur, nous allons assembler le nôtre ; et nous nous reverrons à Vaubeton, dans la plaine où coule l'eau de l'Arce (1). »

(1) L'Arce se jette dans la Seine, près de Bar.

Fidèles au rendez-vous, les deux armées se livrent un sanglant combat à Vaubeton. Après cette bataille, dont il sortit victorieux, Charles-le-Chauve vint mettre le siège devant Roussillon, qu'il prit et fit détruire entièrement.

Nous croyons que nos lecteurs ne nous sauront pas mauvais gré de reproduire la suite de la légende ; il est vrai qu'elle est en dehors du récit que nous faisons, mais elle laisse voir les mœurs du temps et de la chevalerie :

« Latiscon ou Roussillon détruite, Gérard fuit sans retour ; et arrivé » dans la forêt voisine, il n'a plus avec lui qu'un homme mortellement » blessé qui expire bientôt ; ses armes mêmes et son cheval de bataille lui » furent enlevés par des voleurs pendant son sommeil. Mais il n'a pas » tout perdu : sa femme Berthe lui reste, la fidèle Berthe qui l'a rejoint » après le combat, et qui, dans la carrière d'humiliations et de souffrance » qu'il va parcourir, le suivra comme son bon ange, consolant son or- » gueil, partageant ses misères, relevant son courage abattu. »

Après avoir erré quelque temps à l'aventure dans les forêts, et passé la nuit au pied de la croix d'un ermitage, auprès d'un feu allumé par le pieux solitaire qui force Gérard au pardon, et le détourne, grâce aux prières et aux larmes de Berthe, de son projet d'aller trouver Othon, roi de Hongrie, pour se venger du roi Charles, ils rencontrent des marchands revenant de Bavière, qui, du plus loin qu'ils les aperçoivent : « Quelles nouvelles de ce pays ? que fait ce maudit Gérard de Roussillon ? » — « Il est mort, répond aussitôt Berthe alarmée et voulant prévenir la colère » imprudente du comte, le roi l'a fait mourir. » Et les marchands répondent : « Dieu en soit loué ! s'il vivait, il ferait encore la guerre et ravagerait tout. » Et les deux voyageurs reprennent tristement leur pélerinage.

Ils arrivent à une ville remplie de gémissements ; il n'y a plus que des veuves et des orphelins ; tous les hommes ont péri dans les guerres de Gérard de Roussillon. Gérard n'entend, parmi les restes de cette population désolée, que des imprécations contre lui. Ce n'était pas tout : cent messagers à cheval, envoyés dans toutes les directions, viennent de passer près d'eux, proclamant que la tête de Gérard est mise à prix : sept fois en or le poids du corps du fugitif à celui qui le rapportera ! « Croyez-moi, dit alors Berthe à Gérard, évitons les châteaux, les villes et tous lieux où il y a des chevaliers et des hommes en pouvoir ; la foi est rare, et la cupidité grande. » Et changeant alors de costume et de nom, les illustres proscrits poursuivirent leur route à travers les forêts.

Ils arrivent ainsi à Aurillac. Gérard, sous le nom de Joland, se met charbonnier, et Berthe, devenue couturière, travaille pour gagner sa vie. Vingt-deux ans s'écoulèrent dans cette position, et sans espérance d'en avoir une meilleure. Il arriva qu'un jour deux puissants seigneurs donnaient aux chevaliers du voisinage le divertissement d'un de ces exercices guerriers connus sous le nom de *quintaine*, et qui consistait à abattre à coups de pique un écu placé très-haut, à l'extrémité d'un poteau ; toute la contrée y était accourue : cédant, comme les autres, à la curiosité, Berthe et Gérard y étaient aussi. Berthe, au souvenir de fêtes pareilles qu'avait données Gérard, tomba évanouie dans les bras de son époux. Celui-ci sentit alors mieux que jamais tout le prix du dévouement de Berthe, et toute la profondeur de l'abîme où il l'avait entraînée. Il gémissait sur leur triste position, lorsque Berthe l'engagea à ne point gémir ainsi : « si vous daignez écouter mes conseils, dit-elle à Gérard, nous retournerons dans cette douce France où nous sommes nés ; voilà vingt-deux ans que vous en êtes sorti, et je vous vois brisé par la fatigue et la douleur. Vous fûtes autrefois l'ami de l'impératrice, et je suis sûre que, si elle intercédait pour vous, l'empereur n'est si dur ni si cruel qu'il ne vous pardonnât le passé. » Gérard céda aux prières de Berthe.

Ils partirent pour Orléans, où le roi tenait alors sa cour. Ils se mêlent, aux portes de l'église, parmi les pauvres à qui la reine devait, le jour de la cène, distribuer des aumônes; mais un prêtre, qui voit Gérard grand et vigoureux au milieu d'une foule d'infirmes, le repousse avec ignominie. C'en était trop pour le comte, et il eût succombé, si Berthe ne fût venue à son aide. Lui rendant l'anneau que la reine lui avait donné le jour de leur séparation, en le nommant son chevalier, elle lui rappelle les serments de sa sœur en lui remettant ce gage d'amour qu'elle avait conservé au milieu de toutes leurs traverses ; et, fortifiant son cœur, elle l'engage à ne désespérer de rien. C'était le vendredi-saint, et l'heure des ténèbres était venue, quand, selon l'usage, la reine, arrivant nu-pieds à l'église, alla prier dans une chapelle solitaire faiblement éclairée par une lampe. Gérard se glissa à pas lents près d'elle, et lui adressa timidement la parole ; et après quelques mots, pour s'assurer que les sentiments de la reine n'étaient pas changés, il présenta l'anneau et se nomma.

Il n'y eut plus alors de vendredi-saint pour elle, s'écrie naïvement le chroniqueur, et Gérard fut baisé cent fois sur la place. La reine parvint à réconcilier Gérard avec le roi, qui lui rendit plusieurs de ses terres.

On rapporte que Gérard mourut paisiblement dans sa forteresse de Roussillon.

Mais, ainsi que nous l'avons dit, cette ville avait été détruite pour ne plus se relever ; et lorsque cet évènement arriva, il s'opéra un nouveau démembrement à la suite de la destruction de cette ville.

Châtillon devint le siège du pays de la montagne, et Millon, comte de Tonnerre, eut une partie de l'ancien canton du Laçois, y compris le pays de Bar-sur-Seine.

Lorsque Millon mourut, il avait deux fils qui se partagèrent l'ancien patrimoine de leur père. Son fils aîné lui succéda au comté de Tonnerre, et Renaud, le plus jeune, eut en partage le pays de Bar-sur-Seine, qui, dès-lors, fut érigé en comté en sa faveur. Cet évènement eut lieu en 830. Ce comté fut, à peu de chose près, renfermé dans les limites de l'ancien *pagus Barrensis*, quelques bourgs et villages exceptés.

Le bourg de *Alta-Ripa* (Ricey-Haute-Rive) et *Villa-Morianæ* (Villemorien) furent retirés à l'ancien Barrois et restèrent au comte de Tonnerre. Voici les noms des pays les plus rapprochés de la contrée dont nous nous occupons, qui appartinrent à Tonnerre, et qui, aujourd'hui, pour la plupart, appartiennent à l'arrondissement de Bar-sur-Seine :

Rici ou *St-Vincent* (Ricey-le-Haut),
Alta-Ripa (Ricey-Haute-Rive) (*H. St-Etienne*, p. 314) (1),
Molismus (Molesme),
Colanus,
Lantagium (Lantages),
Bagnoly (Bagneux) (*Chiflet*),
Bellum-Videre (Beauvoir),
Brachenoille (Bragelogne),
Chaones (Channes),
Minil
Lannia
Colungiam
} Aujourd'hui trois quartiers formant une partie du bourg de Ricey-le-Haut.
Marceniacum (Marcenay),
Font-Lagnium (Laignes),
Villa-Morianæ (Villemorien),
Pulthariæ (Pothières),
Gaiacum (Gyé-sur-Seine). (*Histoire d'Auxerre*, T. I, p. 207.)

Bar-sur-Seine conservait la mouvance de Montbar (2), et Châtillon devint alors chef-lieu du bailliage de la montagne ; et, chose incompré-

(1) Plus tard ces bourgs revinrent au comté de Bar-sur-Seine.

(2) *Milles cuns* (Millon, comte de Bar-sur-Seine) fait don de la mouvance de Montbar au duc de Bourgogne, en 1201. (*Voyez* PERARD, page 272.)

Mille ou *Milles*, d'où l'on fit Millon, signifie chevalier, militaire ou guerrier.

hensible, Bar-sur-Seine se trouvait dépendre du bailliage d'Auxois (1) ou Alexois, dont le siège était Semur.

Bar-sur-Seine, érigé en comté en 830, fut compris dans la généralité des états de Bourgogne. Dans une description de ce duché, nous trouvons que le bailliage d'Auxois avait vingt lieues d'étendue; que les villes et bourgs qui dépendaient de ce siège sont: Montréal, le magnifique château de Tanlay, Avallon, Ravières, Arnay-le-Duc, Noyères, Saulieu, Montbar, Viteaux, le château de Mont-saint-Jean, Montigny, Missery, Mussy-l'Evêque, Saumaise, Bar-sur-Seine, Ricey. (Voyez *Théâtre du Monde*, Saint-Julien de Baleure).

Après la réconciliation de Gérard avec le roi, le comte fonda l'abbaye de Vezelay et celle de Pothières, en 863 (2), et remit ce célèbre monastère à la garde du comte de Bar-sur-Seine. Pothières fut consacré par le pape Jean VIII, qui passa à Bar-sur-Seine pour se rendre à un concile d'évêques à Troyes, où siégeait aussi le roi Louis, fils de Charles-le-Chauve; le but de ce concile était de lever des difficultés entre les évêques de Troyes et de Langres, qui se disputaient Vandeuvre; mais Boson, oncle du roi, et depuis roi de Provence, trancha la question en s'emparant, de vive force, de cette ville, et la donna en fief à Remberg, malgré les menaces d'excommunication faites par le pape.

Isaac succéda à l'évêché de Langres, il fonda l'église de Polisy et en fit la dédicace en se rendant à un autre concile qui, plus tard, se tint à Troyes.

CHAPITRE VI.

Renaud laissa, pour héritier du comté de Bar-sur-Seine, son fils Hugues qui lui succéda sous le nom de Hugues Ier; et à l'époque où vivait ce dernier, son comté fut détaché de la Bourgogne, pour bientôt y rentrer. Raoul, ou Rodolphe, venait de succéder à Richard, duc de Bourgogne. Ce Raoul faisait sa résidence à Auxerre; parvenu à se faire élire roi de France par les seigneurs auxquels il avait promis de les maintenir dans les domaines qu'ils avaient usurpés (3), il céda le duché de Bourgogne à

(1) Le nom d'Auxois vient de l'ancienne *Alexia* (Alise).

Nous trouvons un Guy de Bar-sur-Seine seigneur de Presle et bailli d'Auxois.

(2) Note extraite d'une Charte de Pothières confirmant ce que nous avançons:

« . . . . Avons apelé a gardain à totes les choses que l'église de Pothières *ha* » à Mussy-sur-Saigne, an hommes et an fâmes, an justice et an tote autre chose, et » il pour lui et pour ses hoirs que le comte de Nevers sauront, etc., et Milo qui fut « cuens de Bar-sur-Saigne. » (1247) (*voyez* Pérard).

(3) Cette usurpation pourrait se rattacher à l'agrandissement du comté de Tonnerre et à la formation du comté de Bar-sur-Seine.

Gilbert de Vergy, son beau-frère, stipulant que cette cession n'était pas absolue. Gilbert n'était, de fait, que gouverneur de cette principauté. Devenu roi de France, Raoul ne se crut pas obligé de tenir les engagements qu'il avait pris avec les seigneurs qui lui avaient vendu leurs suffrages.

L'un d'eux, après s'être emparé, par force, du domaine de Die, dans le Tonnerrois, appartenant au monastère de Fleury, se disposait à donner un grand banquet dans une forêt voisine, lorsque, sans confier son projet, Raoul fit cerner le lieu de la réunion, et assuré que le seigneur ne pouvait lui échapper, il s'élança sur lui, et, d'un coup de lance, il l'étendit mort à ses pieds. Raoul mourut peu de temps après cet évènement, sans laisser de postérité; Gilbert de Vergy le suivit de près dans la tombe, et, à la mort de ce dernier, Hugues-le-Noir et son frère Hugues-le-Blanc prétendirent tous deux, en leur qualité d'héritiers, à la souveraineté de la Bourgogne. Hugues-le-Noir en avait conquis une partie en 937, tandis que les bandes de Hongrois dévastaient ces contrées. Les deux frères ne se disputaient plus que des déserts et des ruines; Hugues-le-Noir, dit le Têtu, parvint à chasser son concurrent; mais ce dernier eut recours au roi de France Louis IV, qui vint à son aide : ils mirent le siége devant Langres, qui était la principale force du duché. Hugues-le-Noir, en homme prudent et habile, comprenant que la lutte était inégale, et qu'il devait succomber sous les armes du roi de France, tenta des ouvertures qui furent bien accueillies; un traité s'ensuivit, par lequel le duché de Bourgogne fut divisé : la partie la plus voisine de Paris, c'est-à-dire le pays entre l'Yonne et la Seine, Autun, Sens, Tonnerre et Bar-sur-Seine, fut cédée à Hugues-le Grand, comte de Paris, qui devint bientôt duc de Bourgogne; alors tout le pays rentra dans ses anciennes limites. A la mort de Hugues, toute la Bourgogne passa entre les mains d'Othon; mais Robert de Vermandois, comte de Troyes, lui disputa cette principauté, en sa qualité d'époux d'Alise de Vergy; Othon appela à son secours le roi Lothaire, qui arriva bientôt en Bourgogne à la tête d'une armée. Ils reprirent à Robert la ville et le comté de Bar-sur-Seine, duquel ce dernier était déjà parvenu à se rendre maître.

L'histoire de l'époque où nous arrivons n'est qu'une suite de dévastations et de calamités pour le malheureux pays qui nous occupe; les Normands, qui firent irruption en Bourgogne dans le milieu du dixième siècle, prirent et brûlèrent Bar-sur-Seine, Ricey, Laignes et Tonnerre. Ces dévastateurs ne respectèrent ni l'âge, ni le sexe; les maisons religieuses furent sapées jusque dans leurs fondements; l'évêque Grillon, de Langres, en mourut de douleur. Les Normands furent enfin atteints et défaits près de Flogny, mais la malheureuse ville de Bar-sur-Seine et tout son voisinage n'étaient plus qu'un amas de ruines. Après ces deux dernières irruptions, les villes, bourgs et villages commencèrent à se relever de leurs ruines. Hugues, comte de Bar-sur-Seine, entoura cette ville, chef-lieu de son comté, d'une nouvelle enceinte de murailles, et y jeta les fondations de l'église de la Trinité ; mais il ne lui fut pas permis de l'achever, il mourut en 1063, ne laissant pour héritier du comté qu'une jeune fille en bas âge, nommée Eustachie.

Alors Rainard, évêque de Langres, frère de Hugues, devint administrateur du comté de Bar-sur-Seine pendant la minorité de sa nièce ; il continua ce que son frère avait commencé, et, en 1068, l'église et un prieuré, dédié aussi à la Trinité, furent consacrés par cet évêque, qui, dès-lors, les donna au gouvernement des moines de Saint-Michel de Tonnerre, et quelques années après, à la suite de contestations, les retira à ce monastère pour les donner aux religieux de Moustier-Saint-Jean, ainsi qu'un prieuré qu'il venait de fonder en l'honneur de Saint-Jean, à Ricey-le-Val.

Nous avons déjà fait voir à nos lecteurs que Gérard de Roussillon avait fondé le magnifique monastère de Pothières, et l'avait soumis immédiatement au Saint-Siège, et remis à la garde des comtes de Bar-sur-Seine. L'évêque d'alors y avait consenti ; mais, depuis, ses successeurs s'étaient efforcés de supprimer cet insigne privilège. Rainard, de Bar-sur-Seine, alors évêque de Langres, continua cette querelle. Comme il administrait les comtés de Bar-sur-Seine et de Tonnerre, il joignait au pouvoir épiscopal l'autorité des seigneurs de Bar, gardiens de Pothières. Il forma le dessein de profiter de cette occasion pour en finir. Ayant donc ceint le glaive, et revêtu en même temps l'habit du paisible pasteur, il se présenta devant le monastère la croix et la bannière en tête, avec tout l'apparat d'une procession religieuse, et somma l'abbé de le lui livrer à l'instant même ; à quoi ce dernier répondit qu'il ne lui appartenait pas de disposer d'une propriété qui lui était confiée par le Saint-Père ; qu'en conséquence, il ne céderait qu'à la force. L'évêque donna le signal, et l'attaque commença. Les moines résistèrent : mais les gens de l'évêque attaquant à la fois tous les côtés de l'abbaye, en escaladèrent les murailles. Il y eut alors un carnage horrible : les moines furent égorgés, l'abbé fut presque seul épargné. Après que le monastère et le village de Pothières furent pillés (1), les gens de l'évêque y mirent le feu, et ainsi ce monastère, le plus bel édifice connu de cette époque, tomba sous le fer d'un ministre de Dieu.

Alexandre II apprenant ces excès, menaça de ses foudres l'évêque de

(1) VIGNIER, *Décade Historique.*

Langres s'il ne faisait pénitence et ne réparait le dommage. L'abbé de Pothières, au lieu de poursuivre sa vengeance, oublia l'injure que Rainard lui avait faite, et demanda lui-même un pardon pour l'évêque, que le souverain Pontife ne refusa pas.

Quelque temps après, ce même Rainard ayant offensé Philippe Ier, fut enfermé dans une tour, à Noyon, et bientôt rendu à la liberté. Il se réconcilia avec le roi, et fréquenta la cour, où il souscrivit, en 1071, avec les autres évêques et les grands du royaume, une charte relative aux moines de Celles. L'année suivante, il vint en aide à Robert, qui, en ce moment, jetait les fondations du célèbre monastère de Molesme, dans la forêt de Colan.

Saint Robert était du Tonnerrois, et allié aux comtes de Bar-sur-Seine ; il naquit en 1018, fonda Molesme en 1075, et mourut en 1110. Voici ce que nous trouvons sur la fondation de cette abbaye (1) :

« *Anno 1075 fondatum Molismense monasterium, in territorio sancti* » *Petri vivi, p. villam Ricciaco, per sanctum virum Robertum monachum,* » *qui, postea, habitum album occipit Cisterciensem ordinem Moyum et* » *instit. secundum regulam Sancti-Benedicti.* »

Cette même année 1075, le duc de Bourgogne avait convoqué une assemblée d'évêques, où assista Rainard. De nombreuses donations à Molesme eurent lieu à la suite de cette réunion, pour aider saint Robert à achever son abbaye. Nous voyons les comtes de Bar-sur-Seine figurer en première ligne, ceux de Brienne et de Ricey. Le comte de Champagne donne Rumilly-les-Vaudes à ce monastère.

Peu après cette réunion d'évêques, Rainard, fatigué du pouvoir séculier, abandonna le comté de Bar-sur-Seine, dont il avait l'administration. Cette abdication eut lieu en l'an 1080. Il maria Eustachie, sa nièce, fille de Hugues, dernier comte de Bar-sur-Seine, avec Gauthier, de la maison de Brienne, qui devint alors comte de Bar et de Brienne, sous le nom de Gauthier Ier.

Après cette union, Rainard partit, par dévotion, faire un voyage en Orient, d'où il rapporta un grand nombre de précieuses reliques, et le bras de saint Mamès. A son retour, il écrivit en vers et en prose la vie de ce saint (2). Il mourut le 5 août 1085.

Gauthier eut un fils du nom de Millon Ier, qui lui succéda. Ce fut lui qui commença la branche des comtes de Bar-sur-Seine.

Millon épousa Mathilde, dont il eut plusieurs fils, entre autres Guido,

(1) Chronique de Molesme (manuscrit).

(2) *Voyez* Auteurs de Bourgogne.

ou Guy, qui lui succéda. Celui-ci épousa Pétronille, fille d'Anseric, seigneur de Chassenay. Il eut de ce mariage Manassès et Thiébaut. Pétronille administra le comté à la mort de son mari : c'est elle qui fonda le prieuré de Froidmenseau, ou Francheval.

En 1165, époque de sa majorité, Manassès succéda à son père ; il fut ensuite doyen et évêque de Langres. En 1174, Manassès fit aussi un voyage en Terre-Sainte et en rapporta de nombreuses reliques ; à son retour, il fonda plusieurs prieurés et quelques églises dans le comté de Bar-sur-Seine, et fit d'immenses donations aux monastères. Ce fut lui qui fonda la Commanderie d'Avalleurs, d'Arrelles et Buxières, en 1172, pour les Chevaliers du Temple.

Lors de son avènement à l'évêché de Langres, Manassès céda le gouvernement du comté à Hugues du Puiset, son neveu, et rendit ses successeurs à cette seigneurie feudataires de l'évêché de Langres, en recevant la parole de Hugues et de Millon, fils de ce dernier.

Pendant ces différents évènements, le comté avait eu à souffrir d'épouvantables fléaux. En 1030, des pluies continuelles, qui causèrent une grande famine, puis ensuite la peste, firent que l'on ne trouvait de sécurité nulle part ; partout planait la mort. L'abbé de Saint-Bénigne, de Dijon, livra à une multitude affamée toutes les provisions du monastère.

Un aubergiste d'un village de Bourgogne massacrait ses hôtes, dont il apprêtait d'horribles repas. Quand on l'arrêta, on trouva en son logis quarante-huit têtes, tant d'hommes que de femmes et enfants, dont il avait fait manger les corps. Un autre aubergiste poussa l'audace jusqu'à exposer publiquement de la chair humaine dans les marchés. Ils furent tous deux brûlés vifs. L'historien (1) à qui nous empruntons cet effrayant passage, ajoute que les cadavres étaient déterrés pour servir de nourriture.

A cette époque vivait saint Bernard, fondateur de l'abbaye de Clairvaux ; il était de Montbar et avait été élevé à Châtillon. Tout le monde connaît la vie de l'illustre saint. Il reste une tradition dans le pays qui dit que le saint homme passant à Fouchères, ressuscita un enfant qui, en tombant d'un arbre, avait eu tous les membres fracassés. Les chapiteaux de deux colonnes qui soutiennent le portail de l'église de ce pays représentent ce sujet. Saint Bernard passa à Bar-sur-Seine, et tout son voyage, depuis Châtillon jusqu'à Troyes, ne fut qu'une suite de miracles qu'il opéra.

(1) Bequillet.

L'abbaye de Mores (1) s'élevait en ce temps, ainsi que plusieurs églises et chapelles dont les noms ne sont pas conservés.

En 1150 des contestations s'étaient élevées entre Hugues III, duc de Bourgogne, et Philippe-Auguste, roi de France, au sujet de différents droits que le duc avait retirés à l'évêque de Langres (2). Une bulle du pape Adrien, de 1153, menaça le duc de l'excommunication. Celui-ci n'en tint aucun compte; alors Philippe profitant des plaintes des vassaux et du mécontentement du clergé, que les exactions du duc avaient soulevés dans le duché, pénétra en Bourgogne. Bar-sur-Seine ouvrit sans résistance ses portes au roi, qui y séjourna; Mussy en fit autant. Ce fut dans cette dernière ville que Philippe disposa ses troupes pour faire le siège de Châtillon, qui, après quelques jours, tomba en son pouvoir.

CHAPITRE VII.

Hugues du Puiset succéda à Manassès au comté de Bar-sur-Seine. Deux années après sa prise de possession, il porta secours à Guillaume, roi d'Ecosse, contre Henri II, roi d'Angleterre; il passa dans ce royaume avec 40 gentilshommes ceints de l'écharpe de chevaliers, et 500 hommes de moindre condition, tous du comté. Guillaume fut battu par Henri; Hugues du Puiset rentra dans sa patrie après avoir perdu plus de moitié de son armée. Son retour fut accueilli par des murmures; chacun lui reprocha d'avoir fait verser le sang de l'élite de son comté pour une cause qui ne touchait en rien les intérêts du pays, ni même ceux de la mère-patrie.

Hugues laissa un fils du nom de Millon, qui lui succéda. Millon épousa Elissindre, et eut deux fils, Guillaume et Gaucher. Guillaume devint grand-maître des chevaliers du Temple.

Le pape Innocent III venait de publier une croisade contre les infidèles; il fit appel aux prélats, aux seigneurs, aux peuples de tous pays, et, pour donner l'exemple, il fit fondre sa vaisselle d'or et d'argent, se taxa lui-même et tous les cardinaux au dixième des revenus. Un prédicateur intrépide, Foulque, curé de Neuilly-sur-Marne, parcourait la France par ordre du pape, parlant avec toute la liberté, toute l'énergie d'un apôtre

(1) Nous avons trouvé, aux archives de Dijon, une charte des seigneurs de Ricey-le-Val, permettant aux moines de Mores de tirer des pierres dans leurs pierrières de Ricey, autant qu'ils en voudraient pour la construction de leur monastère, moyennant 6 deniers de cens.

(2) Cet évêque avait fait entourer son bourg de Marcenay de bonnes murailles et de fossés; le duc de Bourgogne fit démolir les murs et combler les fossés.

inspiré d'en haut; il reprochait aux rois et aux nobles leur ambition, les scandales de leur vie politique et privée; partout Foulque excitait l'enthousiasme et obtenait d'immenses succès. Les comtes et les barons se réunirent au château d'Escy, en Champagne, prirent la croix, et Thibaut, comte de Champagne, âgé de 84 ans, fut élu chef de l'expédition; mais ce dernier mourut avant son départ. Le duc de Bourgogne refusa l'offre qui lui fut faite de remplacer le comte Thibaut; ce fut Boniface, marquis de Monferat, qui fut élu. Millon, comte de Bar-sur-Seine, fut un des premiers au rendez-vous assigné aux croisés. Il partit avec 400 gentilshommes, l'élite de la noblesse du comté. Pierre de Courtenay, comte de Tonnerre, partit avec Millon, emmenant à sa suite près de 1200 gentilshommes des comtés de Tonnerre et d'Auxerre. Cette malheureuse expédition n'eut aucun résultat. Battus à plusieurs reprises par les infidèles, décimés par la peste, les croisés se disposaient à retourner en France, quand le soudan d'Alep les joignit et les massacra en partie. Millon et Pierre échappèrent au carnage et parvinrent à rentrer dans leur patrie, après une année d'absence, apportant à leur suite le deuil et la désolation. Les mères et les épouses, qui attendaient à la porte de la ville l'arrivée de Millon, regardaient avec anxiété si elles verraient leurs fils et leurs époux. Hélas! sa suite était peu nombreuse, à peine cinquante hommes composaient son cortège. Voulant remercier Dieu de l'avoir sauvé, Millon fonda un hôpital et une église collégiale à Bar-sur-Seine. Échappés tous deux à la mort comme par miracle, Millon et Pierre de Courtenay s'étaient liés par une étroite amitié, et voulant cimenter cette intimité par un rapprochement de famille, ils conclurent un mariage entre Gaucher, second fils de Millon, et Elisabeth de Courtenay, fille de Pierre. Pierre était seigneur de Courtenay, Montargis et Auxerre, et était frère du roi de France; il avait épousé Agnès, comtesse de Tonnerre, et était devenu, par ce mariage, comte d'Auxerre et de Tonnerre. Agnès était morte pendant la croisade que Pierre avait entreprise. Ce dernier fonda, à son retour, des prières pour son épouse, dans la cathédrale de Langres, aux abbayes de Molesme, Saint-Michel de Tonnerre, Moutier-Saint-Jean, etc.; il donna, à cet effet, sa seigneurie de Saint-Vincent de Ricey à l'abbaye de Châlons (1), et à Moutier-Saint-Jean, les immenses propriétés qu'il possédait à Bagneux, au village de Celles, au bourg de Ricey-le-Val, etc. Peu de temps après, il se remaria à Yollande de Hainaut, sœur de Baudoin, depuis empereur de Constantinople. Le mariage de Gaucher avec Elisabeth de Courtenay avait été cé-

(1) Saint-Julien de *Baleure*, l'illustre *Orbandale*.

lébré à Tonnerre, peu de temps avant le remariage du comte. Ce fut ce Pierre de Courtenay qui abandonna aux Tonnerrois le privilège des *tailles*, à la charge de lui payer la dîme de leurs récoltes, et cinq sous par ménage; les juifs devaient payer, en outre, vingt sous par tête.

Nous ne pouvons passer sous silence un fait qui eut lieu peu de temps après cet évènement, bien qu'il nous éloigne du but que nous nous proposons :

Pierre était d'un caractère impérieux et emporté, ne sachant point s'accommoder des exigences ambitieuses des prélats du temps. Les immenses bienfaits qu'il avait prodigués aux monastères ne suffisaient pas; le clergé paraissait encore convoiter quelques fragments de l'immense patrimoine de Pierre. Alors froissé dans sa susceptibilité, le comte ménagea peu ceux qu'il avait enrichis à une autre époque.

Une première excommunication fut lancée contre lui par l'évêque d'Auxerre. Pierre retint un instant sa colère; mais de nouvelles excommunications, fulminées par ce prélat dont il était seigneur, le mirent dans une extrême irritation; sa fureur ne connut plus de bornes. Alors les comtés d'Auxerre et de Tonnerre furent à la fois frappés d'interdiction (1). Le comte se présente au milieu de la ville d'Auxerre, il y trouve partout les traces de la puissance monacale : les églises sont fermées, et les plus humbles chapelles tendues de noir; plus de prières, plus de culte aux autels; les vivants sont privés des grâces de la religion, elle n'a plus de pardon ni de refuge pour les morts (2), et les peuples épouvantés croient que le ciel est devenu sourd à leurs vœux, parce que des prêtres ont refusé de lui en adresser l'hommage. Le comte de Tonnerre, qui voit la terreur empreinte sur tous les visages, reste indécis sur les moyens de se venger. En ce moment, la femme d'un de ses officiers arrive en pleurant, et, dans son désespoir, elle l'accuse des maux qui l'accablent. Cette femme a perdu son enfant, et toutes les portes des cimetières se sont fermées devant elle; nul prêtre n'a voulu donner la sépulture à l'innocente victime du courroux céleste, qu'elle apporte dans ses bras et qu'elle dépose aux pieds du comte. Pierre, transporté de colère, appelle ses soldats, et s'adressant à cette femme :

« Des prêtres ont refusé d'enterrer ton enfant, lui dit-il, et moi je vais » être le prêtre qui l'ensevelira, et j'établirai sa sépulture dans la mai- » son de l'évêque qui nous excommunia, et je veux que son cercueil soit » placé dans sa propre chambre, à sa face, et gise au pied de son lit.

(1) *Histoire de Bourgogne.*
(2) *Histoire de Champagne.*

» Allez, soldats, et l'ensevelissez. » Le comte fut obéi ; mais à l'instant les cloches des églises et des couvents retentirent de sons lugubres. On entonna les hymnes funèbres, on déploya les bannières des morts, et les moines annoncèrent en tous lieux la colère de Dieu. Il fut commandé aux épouses de se séparer de leurs époux, aux enfants de quitter leurs pères, aux serviteurs de résister à la parole du maître ; les animaux mêmes et les aliments furent frappés de malédiction. Tout, dans la ville, avait pris un air sombre et sinistre, et le nom de Pierre, maudit et réprouvé, ne se prononçait qu'avec horreur ; ses propres soldats reculaient à son aspect ; bientôt ses serviteurs s'enfuirent à son approche.

Plein de confiance dans la superstition qu'il invoque et propage, l'évêque d'Auxerre condamne le comte à exhumer lui-même le cadavre de l'enfant enseveli dans le palais épiscopal et à le porter au cimetière. La sentence fut bientôt publiée, et l'on força le réprouvé à s'y soumettre. C'était le dimanche des Rameaux qu'il fallait l'exécuter. Plusieurs archevêques et autres prélats, mandés ou attirés par la nouveauté du spectacle, se rendirent à Auxerre, dans l'appartement de l'évêque, Alors on vit le petit-fils de Louis-le-Gros, ce Pierre de Courtenay qui avait vaincu dans la Syrie et devait vaincre à Bovines, venir les pieds nus et en chemise, selon les ordres d'un évêque, enlever de ses mains le cadavre du pauvre enfant, et le porter sur son dos jusqu'au grand cimetière, au milieu d'une procession et d'un concours immense de peuple. Il ne fallait pas moins que tant d'humiliation pour satisfaire l'orgueil sacerdotal et empêcher toute une population de s'entredéchirer ou de se laisser mourir, plutôt que de toucher à des aliments que les moines avaient anathématisés.

Peu de temps après, Pierre retourna en Palestine. Guillaume, second fils de Millon de Bar, grand-maître de l'ordre des chevaliers du Temple, accompagnait Pierre à la tête des hommes que le comte Millon envoyait encore à cette croisade. Nuls chevaliers ne s'étaient plus signalés que ceux de la Champagne et de la Bourgogne dans les guerres entreprises en Palestine ; la bataille de Bovines, la plus importante que la France ait jamais livrée, fut un théâtre où le courage des troupes de cette province brilla d'un éclat nouveau. Pierre de Courtenay se fit surtout remarquer : les guerriers qu'il conduisait étaient tous partis du comté de Tonnerre et de Bar-sur-Seine. Millon n'y allant pas, voulut du moins y être représenté. La renommée de bravoure et de grandeur dont jouissait Pierre se répandit au loin. A la mort de Henri de Hainaut, frère de son épouse Yollande, les chrétiens d'Orient tournèrent les yeux vers lui, et il fut élu empereur de Constantinople. Il se rendit à Rome, et le pape Honorius III l'y couronna solennellement.

A cette nouvelle, Yollande et ses enfants partirent le rejoindre. Quelques jours avant leur arrivée, Pierre, suivi de 60 chevaliers d'élite et de 5000 hommes d'armes partis des comtés de Tonnerre et de Bar, mettait le siège devant la ville de Duras, où s'était enfermé Théodore Lascaris. Forcé bientôt de lever le siège de cette ville, et poursuivi dans les gorges des montagnes et dans les ravins d'une contrée qu'il ne connaissait pas, Pierre fut réduit à livrer combat avec ce qui lui restait de soldats ; mais il fut vaincu : ses soldats furent égorgés ou dispersés, et Pierre tomba, ainsi que plusieurs chevaliers, entre les mains de Lascaris. Pierre succomba dans les fers quelque temps après sa défaite. Yollande apprenant, à son arrivée, cette terrible nouvelle, en mourut de douleur.

Une nouvelle croisade fut prêchée par toute la France ; mais la guerre civile allumée entre plusieurs princes les préoccupait de leurs propres intérêts ; les malheurs et les dangers à courir dans une pareille expédition les firent rester sourds aux exhortations pontificales. Quelques prêtres et quelques moines, plus zèlés que prudents, imaginèrent alors une croisade d'enfants. Cette pensée funeste autant qu'inconcevable, fit de rapides progrès en Allemagne et en France, plus de 30 mille enfants partirent sous la direction de quelques prêtres ou clercs ; 20 mille autres petits croisés, en Allemagne, quittèrent leurs foyers paternels. Ceux-ci périrent presque tous en route ou furent dépouillés par des voleurs ; ceux de France furent embarqués à Marseille, et confiés à deux scélérats qui, affectant la plus fervente piété et le plus grand dévouement, s'engagèrent à conduire ces enfants en Palestine. Deux vaisseaux sur sept périrent dans un naufrage, les cinq autres arrivèrent en Egypte. Les perfides conducteurs vendirent aux Sarrasins les enfants qui leur avaient été confiés, et aucune voix ne s'éleva pour demander justice et vengeance contre les auteurs d'un crime si horrible. Un second appel fut fait par la cour de Rome. L'Allemagne se leva à la voix du nouveau pape Honoré III ; la France montra moins d'enthousiasme. Cependant la Champagne et la Bourgogne, qui avaient déjà arrosé de leur sang le sol de la Palestine, ne restèrent pas sourdes à cet appel. Millon voulant suivre le glorieux exemple de Pierre de Courtenay, annonça l'intention qu'il avait de partir avec son fils Gaucher. Il fallut donc que le malheureux comte de Bar-sur-Seine, qui venait déjà de voir ses enfants tués en Palestine, s'imposât encore un sacrifice immense en hommes et en argent.

Millon voulut, avant son départ, assurer la tranquillité de son comté, et craignant qu'Erard de Brienne, qui, à une autre époque, avait prétendu avoir des droits à la succession du comté, ne cherchât de nouveau à en troubler le repos, s'engagea avec Thibaut, comte de Champagne, par un traité, à se défendre mutuellement contre l'ambition d'Erard, qui venait d'être repoussé, par le roi Philippe-Auguste, des droits qu'il prétendait aussi avoir sur le comté de Champagne, à cause de sa femme Philippe de Champagne. Le procès fut à l'avantage du jeune Thibaut. Millon avait déjà été forcé d'abandonner à Erard plusieurs fiefs importants faisant partie de son comté; mais ce dernier était astreint, cependant, à jurer foi et hommage, pour ces terres, à Millon et à ses successeurs.

Cet Erard possédait déjà d'immenses propriétés sur les confins du comté de Bar-sur-Seine. Une partie du bourg de Ricey-le-Haut lui appartenait avec les villages de Colonge, Ménil et Lanne, ceux de Bagneux, Beauvoir, etc., pour lesquels il jurait fidélité aux comtes de Tonnerre, dont il dépendait.

Après avoir terminé ces différents arrangements, Millon et Gaucher partirent à la tête de 500 gentilshommes du comté de Bar-sur-Seine, espérant retrouver encore, à leur arrivée en Terre-Sainte, quelques débris du corps d'armée qu'ils avaient fourni à Pierre de Courtenay, sous le commandement de Guillaume, second fils de Millon. Ils se trompaient: pas un n'avait échappé au carnage qui avait suivi la défaite de Pierre. Les deux nouveaux croisés se signalèrent dans diverses rencontres avec les Sarrasins; mais ils furent tués tous deux, le même jour, devant Damiette, en 1219. En eux s'éteignit la branche des comtes de Bar-sur-sine. Guillaume, grand-maître de l'ordre des Templiers, avait aussi payé de sa vie son dévouement à la religion du Christ.

Presque tous les gens d'armes partis avec Millon furent tués en défendant leur bannière. On raconte qu'un d'entre eux, fait prisonnier par les Sarrasins, fit vœu que s'il pouvait rentrer dans sa patrie, il ferait don d'une partie de sa fortune à Notre-Dame de Fouchères. Ayant acquis la confiance de ses gardiens, il parvint une nuit à s'échapper de sa prison, et gagna l'armée des croisés, non sans courir de grands dangers; et, après plusieurs pèlerinages, il revint dans son pays natal. A son arrivée à Fouchères, il accomplit le vœu qu'il avait fait, et offrit à l'église de ce village son armure et les fers qu'il avait aux mains et aux pieds lorsqu'il s'échappa (1). Plusieurs croisés de Gyé et de Neuville, revenus de ce désastre, firent don également d'une partie de leur fortune aux églises paroissiales de leur localité. Des manuscrits de l'époque attestent encore aujourd'hui les faits que nous avançons.

(1) On voit encore, à l'église de Fouchères, dans un habitacle, au-dessus de la porte de la sacristie, quelques restes des cuirasses de ce chevalier, ainsi que les fers qu'il avait portés.

CHAPITRE VIII.

Malgré que Millon eût épuisé l'élite de la population de son comté par les croisades, où il perdit la vie, il laissa néanmoins des regrets, car il était le père de ses administrés : ce fut lui qui provoqua une réunion des seigneurs des comtés de Bar et de Tonnerre, afin d'apporter une amélioration au sort des habitants de ces contrées, qui, à cette époque, éprouvaient tous les excès de la tyrannie féodale qu'exerçaient les seigneurs particuliers. A la suite de cette réunion, une charte fut octroyée aux habitants : elle accordait aux laboureurs, vignerons, moissonneurs et faucheurs des pays compris entre Bar et Tonnerre, le droit d'aller et revenir des champs avec leurs bestiaux, charrues et autres instruments aratoires, sans être arrêtés ou enlevés. Courtepée, dans son *Histoire de Bourgogne*, dit : « La noblesse de cette époque, toujours à cheval, courait la campagne et poursuivait les voyageurs pour le seul plaisir d'exercer son courage et l'ardeur des chevaux ; elle attaquait les paysans et les laboureurs, et les tuait par délassement. » On avait été obligé de multiplier les croix sur les chemins pour servir d'asile aux malheureux paysans, qui, alors, couraient embrasser ce signe respectable, que les nobles n'osaient violer, dans la crainte d'une punition divine. De là l'usage des croix. Millon, en provoquant la réunion des seigneurs qui octroyèrent cette charte, qui préservait les malheureux serfs d'être enlevés eux et leurs bestiaux, rendit un grand service à l'humanité ; mais il restait encore d'autres abus presque aussi révoltants, comme ceux de main-morte, de parcours, d'épaves, d'herbon, et bien d'autres.

Le droit de *parcours*, *procours*, ou *entrecours*, était la coutume arrêtée entre deux seigneurs souverains, par laquelle les sujets de chacun de ces seigneurs pouvaient aller librement, et sans danger de tomber dans la servitude de corps, s'établir dans les dépendances de l'autre. Entre deux seigneurs de fiefs, cette coutume comprenait ou leurs estagiers et hommes de corps (serfs), ou les bestiaux de leurs sujets. Dans le premier cas, l'estagier et le serf s'établissaient dans le fief et la justice de l'autre seigneur, et prenaient femme de leur condition, sans danger de for-mariage (1).

Le main-mortable ne pouvait tester sans la volonté du seigneur.

(1) For-mariage, feur-mariage et mesmariage, *matrimonium quod fit forai*. C'est un mariage fait contre la loi, la coutume ou le droit d'un seigneur.—C'est aussi l'amende prononcée contre ceux qui se sont for-mariés. Les gens main-mortables, de serve condition, ne pouvaient épouser des femmes franches, se marier hors de la justice du seigneur, ni quitter leur habitation ordinaire pour suivre leur conjointe, sans encourir de payer l'amende de feur-mariage (voyez *Cout. de Bourg.*).

Si un main-mortable allait demeurer en lieu franc, ses biens restaient toujours frappés du droit de main-morte ; mais s'il avait des enfants nés en lieu franc dans lequel se trouvait sa demeure, ses enfants étaient francs. La femme main-mortable épousant un noble, ne pouvait devenir noble, mais seulement franche, parce que, dit l'auteur où nous puisons ces renseignements, la noblesse est un état élevé et éclatant ; le main-mortable est une condition *servile et basse*. La femme main-mortable d'origine, qui avait été affranchie par son mariage, étant devenue veuve, redevenait main-mortable.

Si l'enfant naît d'un père franc dans un lieu main-mortable, l'enfant est franc ; si l'enfant naît dans un lieu franc, d'un père et d'une mère main-mortables, il est main-mortable. Si le père a eu des enfants étant franc, et qu'il devienne main-mortable, les enfants restent francs. Si les enfants suivent leur père franc dans un lieu main-mortable, et s'ils ne sont émancipés, ils partagent le sort de leur père ; autrement ils sont francs. La femme main-mortable qui se marie avec un homme franc, devient franche. Si la femme franche se marie avec un homme main-mortable, elle le devient aussi.

Le parcours des bestiaux permettait de mener les troupeaux dans toutes les terres de vains pâturages des paroisses ou domaines soumis au parcours. Mais à côté était le droit d'épaves. Ce droit permettait au seigneur de s'emparer des bestiaux qui passeraient sur ses terres. Le propriétaire pouvait réclamer les animaux saisis, mais la somme fixée s'élevant très-souvent aussi haut que la valeur des objets saisis, il en résultait qu'on ne les réclamait pas, et, au bout d'un certain temps fixé, ils devenaient la propriété du seigneur (1).

Un jour le berger de la commune de Ville-sur-Arce laissa échapper des troupeaux sur le finage de Mores : les gardes de cette abbaye s'étant

(1) En 1305, Pierre de Courtenay, de concert avec Blanche de Champagne, régla le droit de parcours d'hommes. Ils consentirent à ce qu'un homme de corps de l'un d'eux épousât une femme de corps de l'autre, et que le seigneur de la femme ne pût lever aucun droit sur le mari, à cause de sa femme, tant que les enfants procréés de ce mariage habiteraient conjointement avec leur père, et viveraient à la même table.

En 1347, des contestations s'étant élevées entre Pierre de Courtenay et Blanche de Champagne, cette charte fut rompue, et tout effet cessa.

« Aulcune personne de serve condition, taillable à volonté haut et bas et main-» mortable, ne pourra passer d'une châtellenie à l'autre, sous peine de poursuite ; » aulcun gîte, aulcune bourgerelle ne sauraist leur estre applicable. » (Charte de juin 1347.)

Pauvre espèce humaine, comme on la traitait alors !

Bagneux, Beauvoir, Channes et Riccy étaient compris dans les limites de cette charte.

trouvés sur les lieux, s'emparèrent des troupeaux et forcèrent le berger à les leur abandonner (1).

Le seigneur de Ville-sur-Arce, M. de Longueville, écrivit aux moines de vouloir bien restituer les troupeaux saisis, en les priant, toutefois, de faire estimer le dommage.

Le prieur répondit qu'il ne rendrait point les troupeaux. Une seconde lettre resta sans réponse. M. de Longueville pensa que les religieux n'avaient pas compris le français : il leur écrivit, selon lui, une lettre en latin, dans laquelle il menaçait les moines d'aller leur couper les oreilles. Voici le commencement et la fin de cette curieuse lettre : *Mesioribus les Moinibus de Moribus....... coupantibus rasibus....* (2).

Les moines connaissant le caractère du seigneur de Ville-sur-Arce, homme violent et déterminé, et craignant qu'il ne mît à exécution ce dont il les menaçait, rendirent les troupeaux ; mais, sans la fermeté de M. de Longueville, les moines auraient gardé, en vertu du droit d'épaves, les troupeaux saisis.

Le droit d'herban, harban ou alban servait à payer les frais de la guerre. Si, par exemple, soit par infirmité, ou tout autre cas, le serf ou même le noble ne pouvaient aller à la guerre, ils voyaient leurs propriétés frappées du droit d'herban.

Au XIIIe siècle, plusieurs contrées des Riceys, quoique appartenant à un puissant seigneur, en furent frappées ; Polisy, aux XIe et XIIe siècles, l'était aussi.

Tous ces droits vexatoires n'étaient pas les seuls, il y en avait encore beaucoup d'autres qu'il serait trop long d'énumérer.

Le comté est encore redevable à Millon d'un grand nombre d'établissements religieux. Ce fut lui qui fonda le monastère de la Gloire-Dieu, en revenant de la première croisade ; l'église collégiale et le prieuré de Juilly-le-Châtel ; le prieuré des Faulx, à Ricey-le-Val ; il fit aussi élever les églises de Ricey-Haute-Rive et Ricey-le-Bas ; puis, comme nous l'avons déjà fait voir, une église collégiale à Bar-sur-Seine. Il avait fait d'immenses donations aux monastères de Molesme et Moutier-Saint-Jean. A sa deuxième croisade, il avait fondé une chapelle collégiale (3) dans son château de Bar, pour quatre chanoines ou chapelains ; puis il fit construire et dota l'hôpital de Saint-Jean, du consentement d'Hélissindre et de son fils. Il fut encore fondateur d'une église collégiale et d'un chapitre de chanoines réguliers, qui étaient des Mathurins ou des religieux de

(1) En vertu du droit d'épaves.

(2) ROUGET.

(3) Voyez *Pérard*.

l'ordre de la Trinité, pour la rédemption des captifs. Cette fondation s'appelait la Maison-Dieu (1). Elle avait de très-beaux droits seigneuriaux que le comte lui avait accordés, entre autres celui d'avoir un four banal, où tous les habitants de la grande rue de Bar-sur-Seine et ceux de Villeneuve étaient obligés de cuire; elle avait encore le droit de pressoirs banaux, où tous les habitants de Bar-sur-Seine et de Villeneuve étaient obligés de faire leurs vins.

Il existe, aux archives de Troyes, une charte du comte Millon, qui permet de tirer des pierres dans ses carrières pour la construction de la cathédrale de Troyes. En voici le texte :

« Moi Millon, comte de Bar-sur-Saine, fais savoir à tous, etc... que » moi, pour le remède de mon âme et des âmes de mes prédécesseurs, » j'ai donné à l'église Saint-Pierre son usage dans ma carrière (*lapidi-* » *cina*) d'Aigremont, pour y extraire et tailler toutes pierres qu'elle vou- » dra, destinées à son œuvre (*fabrica*), jusqu'à ce que cette œuvre soit » achevée et parfaite. La comtesse Hélissindre, mon épouse, et mon cher » fils Gaucher ont loué bénévolement cette donation, désirant eux-mêmes » devenir consorts et participants de cette aumône. »

Il se trouve joint à ce titre un compte fourni par Etienne Regnyer, de Bar-sur-Seine, et Guillaume Garlot, pour achat de quarante blocs de pierres de Bourguignons, contenant *douze vingt-neuf pieds et demi*, au prix de deux sols un denier tournois chacun *pied*, rendu devant les tours.

L'une et l'autre pièces sont de l'année 1218.

CHAPITRE IX.

Le gouvernement du comté se trouvait abandonné à deux femmes, Hélissindre, veuve de Millon, et Elisabeth de Courtenay, veuve de Gaucher. Elles venaient toutes deux de voir leur affection brisée en un instant, et s'abandonnaient plus à leur douleur qu'au soin de l'administration du pays. A peine si la mort de Millon et de son fils était connue, qu'Erard de Brienne renouvela ses prétentions aux droits qu'il disait avoir sur le comté. Hélissindre opposa que sa belle-fille Elisabeth étant seule héritière, elle ne reconnaissait nullement les droits qu'Erard prétendait avoir. De nouvelles tentatives, faites par ce dernier, échouèrent de rechef; alors il passa de la prière aux menaces, annonçant que si Hélissindre ne lui commettait de bonne volonté l'administration du comté, il allait recourir à la force, ce qu'il fit immédiatement.

Hélissindre ne se sentant pas le courage de lutter contre les forces

(1) Rouget, *Histoire de Bar-sur-Seine*, p. 203. Copie du titre de la Maison-Dieu, fondée par le comte Millon, au mois de juin 1210.

qu'Erard avait à lui opposer, et ne voulant pas rester spectatrice des désastres que pouvaient amener les évènements qui se préparaient, prit la résolution d'abandonner le comté à Thibaut de Champagne, son parent et son ami, qui se présentait comme acquéreur. Ce dernier offrit immédiatement le secours qu'il s'était engagé de fournir par le traité offensif et défensif contre Erard, signé avant le départ de Millon. La veuve de Millon assembla les notables habitants de Bar-sur-Seine et leur fit part de la détermination qu'elle venait de prendre. Ces derniers sentirent que, placés entre deux prétendants, ils pourraient obtenir un affranchissement, dont le besoin se faisait sentir de plus en plus; ils ne doutèrent pas de l'obtenir de celui à qui ils s'abandonneraient.

Déjà quelques cités, quelques bourgades avaient été affranchies par le roi Philippe Ier, qui voyait que la royauté ne pouvait se soutenir qu'en s'appuyant sur les communes; mais l'autorité du roi ne s'étendait point au-delà de ses domaines, et pour devenir une puissance capable de soutenir la lutte contre la noblesse et le clergé, il fallait que l'affranchissement s'opérât sur une plus grande échelle. Les circonstances favorisèrent le développement de la révolution commencée par Suger. Toute la noblesse était tourmentée de la fièvre des croisades; elle avait besoin d'argent, il lui en fallait à tout prix. C'est alors que les princes et les seigneurs vendirent à leurs vassaux la liberté de s'administrer eux-mêmes.

Les prélats, les abbés, chefs d'ordre, les prieurs même retinrent plus longtemps leurs vassaux en servage, au risque de les voir tous s'affranchir d'eux-mêmes, ce qui arriva souvent. Le temps ne put triompher qu'en partie de cette opposition, et les derniers serfs étaient dans la dépendance du clergé. Au seul mot de *commune*, le clergé cria *anathème*! disant que la commune était un nom nouveau, nom exécrable, ayant pour but d'affranchir les censitaires de tout servage, au moyen d'une redevance annuelle; n'imposant à ceux qui manquaient à leur devoir, qu'une amende légale, et délivrant les serfs de tous les droits auxquels ils étaient assujettis.

Et cependant, quoi de plus simple? Cet affranchissement se bornait à conférer aux communes le droit de s'administrer elles-mêmes, de choisir leurs magistrats, de fixer le chiffre et le mode de perception de leurs impôts, pour les dépenses locales. Mais les prestations en nature, en argent, les prestations personnelles, les corvées, les services militaires, tous les droits si multipliés, si humiliants, imposés par la noblesse et le clergé, pesaient encore de tout leur poids sur les manants et les *vilains*. Le cultivateur, l'habitant des villes, ne pouvaient faire moudre leur grain qu'au moulin du seigneur, cuire leur pain qu'au four du seigneur, pressurer leurs vendanges qu'au pressoir du seigneur, traverser un pont seigneurial sans payer un droit. Les routes étaient, à de courtes distances, hérissées de poteaux écussonnés, et à chaque poteau un préposé seigneurial exigeait le droit de poussière. Il fallait que le roturier payât pour lui et pour tout ce qui était nécessaire à son service. Ces droits étaient de tous les jours, de tous les instants. Les villageois étaient, dans beaucoup de seigneuries, tenus de battre, pendant la nuit, avec des gaules, les eaux stagnantes des fossés du château, des étangs et des mares, afin d'empêcher les grenouilles de troubler, par leur coassement, le sommeil de la dame châtelaine (1). Cette prestation n'était qu'absurde, mais il y en avait d'atroces et de la plus révoltante immoralité : il suffit de citer celle de *prélibation*, que les seigneurs écclésiastiques exigeaient à la rigueur comme les seigneurs laïques. Quelques vieux prélats et abbés y renoncèrent, mais en y substituant une prestation en argent ou en denrées. Alors le jeune père de famille accordait ses embrassements à son premier-né. Mais, malgré l'affranchissement des communes, tous ces droits effrayants pesaient encore en partie sur les populations. Et cependant la commune était un adoucissement à tous ces maux ; car, avant son institution, il n'y avait que des maîtres sans pudeur et sans pitié ; que des serfs sans lois, sans garantie. Les communes ne réclamaient que l'égalité pour tous ; le gouvernement du pays par le pays.

Thibaut n'eut garde de refuser (2) aux habitants de Bar-sur-Seine ce qu'ils demandaient, il craignait trop d'échapper ce fleuron qu'il pouvait ajouter à sa couronne pour une faible somme ; il n'ignorait pas qu'en cas de refus, les habitants de Bar-sur-Seine se tourneraient du côté d'Erard. Et d'ailleurs, le comte de Champagne avait d'autant plus d'intérêt à défendre Bar-sur-Seine contre Erard, que ce dernier, après avoir réuni à lui plusieurs prieurs et seigneurs, déclarait de nouveau ses droits au comté de Champagne.

Malgré le jugement rendu contre lui par le roi, Erard vint mettre le siège devant Bar-sur-Seine, et sa nombreuse garnison n'empêcha pas qu'elle ne fût emportée d'assaut le huitième jour. Erard ménagea la ville, car il la regardait comme sa propriété ; fit réparer les murailles endommagées par le siège, et s'y renferma avec un nombreux corps d'armée. Thibaut appela Saint-Louis à son secours. Ce dernier lui envoya une armée qui, réunie à celle du comte, vint mettre le siège devant Bar-sur-seine, qui fut de nouveau reprise de vive force aux princes ligués. Bar

(1) La châtellenie de Colonge et celle de Saint-Vincent, de Ricey, étaient frappées de ce droit.

(2) Cependant Thibaut, en accordant l'affranchissement de Bar, exigea, en échange, une forêt appartenant à la ville, et qui lui fut octroyée.

eut plus à souffrir qu'au premier siège ; car, en se retirant, les vaincus incendièrent plusieurs maisons et en pillèrent une partie. Thibaut agissant de représailles, fit dévaster les seigneuries qu'Erard possédait dans le comté et ses environs (1).

Cependant, il y eut un arrangement de signé après ces malheureux désastres: Erard conserva intactes ses propriétés. Ce fut alors que, voulant être agréable à Dieu, il donna à l'abbaye de Molesme une partie du bourg de Ricey-Haut et de Ricey-Haute-Rive, ainsi que les villages de Lannia et Minil, avec le fief de Tronchoi, du consentement de sa femme Philippe et de ses enfants. Ainsi se termina une querelle qui ruina une partie du comté de Bar-sur-Seine.

Les seigneurs issus de la branche des comtes de Bar-sur-Seine, qui venait de s'éteindre si malheureusement, étaient : les seigneurs de Buxeuil, de Ville-sur-Arce et de Chamblas ; et en ligne masculine, ceux de Chappes, de Trugnel, de Rochefort et de Cuisseau.

Bar-sur-Seine appartint dès-lors à Thibaut de Champagne (2), qui l'érigea immédiatement en commune, ou mairie.

La ville, d'après ce nouveau mode de gouvernement, se trouva régie alors par une magistrature urbaine. Au premier rang était le mayeur, qui présidait les assemblées de la commune, commandait en chef les milices bourgeoises, donnait le mot d'ordre pour la garde de la ville. Au second rang se trouvaient les échevins, qui étaient au nombre de douze ; ils formaient le conseil exécutif de la commune, surveillaient les foires, les marchés, les vivres, les boissons ; siégeaient comme juges aux procès civils et criminels, et administraient les finances. Les mayeurs des bannières, dont le nombre était limité, occupaient le troisième rang ; leurs fonctions étaient annuelles et gratuites ; ils assistaient à l'ouverture et à la fermeture des portes, vérifiaient les comptes des agents financiers de la commune, fixaient les amendes et portaient les bannières des milices bourgeoises. Puis ensuite il y avait des portiers, des sergents, un geôlier, des gardes de nuit et un bourreau, payés par la ville. Les échevins avaient la haute, moyenne et basse justice, excepté dans les fiefs, où chaque seigneur,

(1) Une partie des Riceys appartenait à Erard de Brienne, roi titulaire de Chypre et de Jérusalem, et seigneur de Ramerupt.

(2) Les comtes de Champagne qui possédaient le comté de Bar-sur-Seine, étaient astreints à rendre foi et hommage, pour la ville de Bar-sur-Seine, à l'évêque de Langres.

Nous trouvons que Louis, Hulin, Thibaut et plusieurs autres comtes jurent foi et hommage à l'évêque, ainsi que les comtes de Tonnerre. Nous trouvons aussi que Marguerite, reine de Sicile, jure fidélité à l'évêque de Langres et de Châlons, pour les terres de St-Vincent de Ricey.

selon le nombre de châtellenies qu'il possédait, avait aussi le droit de haute, moyenne et basse justice. Aux Riceys, par exemple, le seigneur de Ricey-le-Bas avait ce droit, ainsi que les *moynes* du monastère de Saint-Louis, à Ricey-le-Haut, auquel Erard de Brienne avait fait don de toutes ses propriétés et des villages de Lanne, Magny et Colonge (1), avec le droit de haute, moyenne et menue justice. Le seigneur de Ricey-le Bas contesta ces droits aux moines, fit briser les fourches patibulaires et les carcans qu'ils avaient fait élever dans le bourg de Ricey-le-Haut et Ricey-Haute-Rive. Les moines protestèrent et relevèrent les fourches patibulaires. Alors le seigneur envoya ses gens, qui détruisirent le monastère et tuèrent plusieurs moines.

Les justiciers, si toutefois on peut leur donner ce nom, avaient le droit de condamner à mort sans appel, et avec exécution dans les vingt-quatre heures. L'instruction des affaires était rapide, et presque toujours incomplète; quelquefois même on n'attendait pas de preuves, et des condamnations capitales furent souvent prononcées sur de simples soupçons. Les peines les plus fréquentes étaient : la mort, la mutilation, le bannissement à temps ou à perpétuité, la démolition des maisons. Nous avons sous les yeux plusieurs pièces de ces procès iniques.

Le nommé Jaquin, de Ricey-le-Haut, accusé d'avoir commis un larcin dans le *vieil château*, dit *le fort*, à Ricey, fut condamné par les moines à avoir une oreille coupée (*sénestrée*) et au bannissement perpétuel.

Nous trouvons aussi un arrangement fait entre le chevalier Robert, seigneur de Ricey-le-Val, et les moines de Moutier-saint-Jean, dans lequel il est dit, que toutes les fois qu'un malfaiteur sera appréhendé sur les terres desdits moines, il sera conduit nu et la corde au cou devant le seigneur, sera mis immédiatement à mort soit par l'effusion de son sang ou la mutilation de ses membres, et qu'ensuite les frais de l'exécution seront partagés entre lesdits moines et le seigneur. Plusieurs autres pièces bizarres et curieuses seront rapportées à l'article concernant les Riceys.

Dans la juridiction accordée par Thibaut, se trouve consigné le droit de cloche. Quand une condamnation capitale était prononcée, on sonnait cette cloche, et le mayeur prononçait le jugement en pésence du peuple; il passait ensuite une corde au cou du coupable, et l'accompagnait jusqu'au pilori, où il l'attachait lui-même; le coupable, après y être resté pendant quelques heures, était conduit aux fourches patibulaires, et, avant de le lancer dans l'éternité, le bourreau lui présentait un gobelet rempli de vin. Cette cloche servait aussi à convoquer les habitants.

(1) Aujourd'hui St-Louis, à Ricey.

Ce droit, nommé droit de beffroi, servait encore pour faire le guet, et prévenait de l'arrivée de l'ennemi.

Un droit existant aux archives de Bar-sur-Seine, du 24 avril 1479, donné par Antoine Lefaucheur, pour lors mayeur de cette ville, laisse, à titre d'acensement et d'emphytéose, perpétuellement, à Etienne *Popelard* et Simone, sa femme, demeurant en cette même ville, une maison proche la porte de Seine, moyennant 26 sols 8 deniers, payables par chacun an aux mayeurs et échevins, le premier jour de mai, fête de St-Jacques et St-Philippe; et encore à la charge de payer la façon des cordes des cloches de l'église de Bar-sur-Seine; de *bailler et administrer toutes cordes nécessaires pour faire accomplir justice*, et enfin de sonner le couvre-feu depuis la St-Remy jusqu'à la Purification.

Une tradition du pays dit que le couvre-feu a été fondé par une dame de Bar-sur-Seine qui aimait beaucoup les plaisirs, la bonne compagnie et principalement le jeu; que, comme elle y passait souvent trop longtemps d'agréables loisirs, elle imagina de faire sonner cette cloche, surtout en hiver, afin d'être avertie qu'il était temps de rentrer chez elle.

Cette tradition n'a rien de vraisemblable, car le droit de beffroi accordé à la commune s'appela plus tard *couvre-feu*.

Thibaut, après avoir érigé Bar-sur-Seine en commune, établit, dans la Maison-Dieu de cette ville, des Religieux de Roncevaux.

CHAPITRE X.

En prenant possession du comté de Bar-sur-Seine, Thibaut prit le titre de comte de Champagne et de Bar. On doit à ce prince les premières franchises et libertés accordées aux habitants de Bar-sur-Seine après l'établissement de leur commune. Bien qu'elles fussent en quelque sorte achetées, le pays n'en dut pas moins de reconnaissance au comte, qui fut le premier à les accorder.

Les chartes que Thibaut octroya à ses sujets les Bar-sur-Seinois, comme il les appelle, seraient trop longues à rapporter en entier, nous ne citerons que les passages les plus saillants, afin de donner au lecteur un aperçu des mœurs et du langage des grands de l'époque.

En 1227, Thibaut affranchit Bar-sur-Seine du droit de main-morte, droit dont nous avons eu occasion de parler aux chapitres précédents; et en 1234 il supprima les tailles et accorda de nouvelles franchises aux habitants. Dans une dernière charte, il s'exprime ainsi :

« Gié Thiebauz de Champaigne, de Bar et de Brie, *cuens* (comte)

» palazius, fas à sçavoir à tos çaux qui sont et qui seront, qui ces lettres » verront, que ge franchis et quit tos mes hommes et tos mes fames » de Bar-sur-Saigne et de la châtellenie, de totes tailles, par tel manière » que ge auray en tous ceux en cui ge avoie taille, et en tos les hommes » et fames qui de fors venront ester en la communité de Bar-sur- » Saigne et en la châtellenie, six deniers de la livre de meuble, fors » qu'en armures et en robes faites en leurs cors, et fors que en aise- » ments d'ostel. Et est à sçavoir, que vaisselle où l'on met vin, et » tuit aisement d'or et d'argent seront prisés chacun an avec les autres » meubles, et auray de la livre de l'éritage deux deniers chacun an. Et » est à sçavoir que se aucuns de mes hommes, ou de mes fames, ou de » mes gardes, viennent por demorer en la communité de Bar-sur-Saigne » ou en la châtellenie, li borgeois de Bar-sur-Saigne et de la châtel- » lenie n'en poront aucun retenir, se n'est par mon assent et par ma » volonté, etc., etc. »

Après un long détail des droits à percevoir (car à côté des franchises qu'il accorde, des taxes sont imposées d'une autre manière), il continue :

« Et chacun de la communité de Bar-sur-Saigne et de la châtellenie » qui aura vaillant vingt livres, aura arbaleste en son ostel, et quar- » riaux jusqu'à cinquante. Et est à sçavoir que li borgeois de Bar-sur- » Saigne et de la châtellenie cuiront et morront à mes fours et à mes » molins, et à tel marché comme aux autres, et s'il advenait que ge » n'eusse assez fours et molins à Bar-sur-Saigne et en la châtellenie, » ils feront more et cuire au regard de doze jurés et du mayeur, selon » ce qu'il conviendra soffisamment à mes fours et à mes molins, etc. (1).

Il y eut encore plusieurs chartes octroyées que nous ne pouvons rapporter ici.

Après avoir administré le comté de Bar-sur-Seine pendant de longues années, Thibaut le donna en dot à sa fille Agnès, qui épousa Ferrey, duc de Lorraine, et à dater de cette donation, Agnès prit le titre de comtesse de Bar-sur-Seine. Cependant nous trouvons, après cet abandon, un acte de foi et hommage à l'évêque de Langres, juré par Thibaut de Champagne, qui nous ferait croire qu'il en fut administrateur jusqu'à sa mort.

Guy II venait d'être élu évêque de Langres ; il fit immédiatement dresser le catalogue de tous les fiefs et de tous les feudataires de l'évêché, et s'en fit rendre hommage. Le premier fut Robert, duc de Bourgogne ; il confirmait tenir la moitié de Châtillon, Montbard, Griselles, Larrey,

(1) Voyez PÉRARD, pages 272, 430, 432 et 468.

Pethières, etc. Le comte de Champagne avoue tenir Bar-sur-Seine, la Ferté, Coissy, etc.; puis vinrent les seigneurs de Ricey-le-Val, Chatenay, Conflens, Souvens, Saquenay, Talmay. Marguerite, reine de Sicile, comtesse de Tonnerre, reconnaissait tenir une partie de Ricey, Bagneux, Beauvoir, Channes; etc.; et l'évêque de Châlons-sur-Saône, le bourg de Ricey-le-Haut, le fief du Vamage, Vertaux. La même année de ces différentes reconnaissances, l'évêque de Langres fit fortifier son bourg de Marcenay, et le fit entourer de bons fossés, que fit combler, plus tard, Robert, duc de Bourgogne.

Lorsque Thibaut mourut, Marguerite de Bourbon, sa veuve, fut déclarée régente pendant la minorité de son fils, alors âgé de 15 ans. Agnès, comtesse de Bar, suivit de près son père dans la tombe, laissant un fils en bas âge. Il s'éleva alors une contestation entre Ferrey, duc de Lorraine, et la régente. Cette dernière prétendit que le comté de Bar n'avait été donné à Agnès qu'à titre de comtesse usufruitière, et non à titre d'hérédité. Ferrey soutint les droits de son fils, mais il échoua dans ses prétentions, et Bar-sur-Seine revint à la Champagne.

A sa majorité, le jeune Thibaut V épousa Isabelle de France, fille de St-Louis. Ce mariage avait lieu presque en même temps que celui d'Isabelle, sœur de Thibaut, avec Thomas, roi de Navarre.

Isabelle eut en dot le comté de Bar-sur-Seine, dot peu dispendieuse pour le donataire, puisque c'était au détriment de son vrai possesseur. Aussitôt la prise de possession, le roi et la reine de Navarre vinrent en cette ville, et, là, rendirent hommage au duc de Bourgogne pour Bar-sur-Seine et les châtellenies qui en dépendaient; jurèrent et reconnurent les franchises et libertés accordées aux habitants de Bar, Villeneuve et Celles, par Thibaut (*Villæ-Novæ propè Barrum ad Sequanam et Sellarum*). (1258.)

Malgré le mauvais succès des dernières Croisades, si désastreuses pour la France, que St-Louis avait entreprises, il voulut encore en tenter une : il convoqua les plus grands seigneurs du royaume, et leur annonça qu'il allait entreprendre une expédition nouvelle. Thibaut fut un des premiers à répondre à l'appel du souverain : le nouveau comte de Bar-sur-Seine accompagna Thibaut dans cette guerre. Le sire de Joinville n'obéit point aux ordres du roi, l'issue de la première croisade l'avait découragé ; il avait senti qu'on ne pouvait attendre aucun profit de ces aventureuses entreprises. Il répondit aux commandements de Saint-Louis en disant qu'il était vassal du comte de Champagne, et non du roi de France. Le comte le laissa libre de se conduire à sa guise, et, moins sage que lui, suivit les croisés sur la terre d'Afrique.

Thibaut se distingua dans cette guerre, mais bientôt il eut la douleur d'assister aux derniers moments de son beau-père le roi Saint-Louis, qui mourut à Tunis. Il fut le premier à proclamer roi Philippe-le-Hardi, et à lui rendre hommage des fiefs qu'il possédait dans son royaume.

Philippe ramena le reste de l'armée que le fer des musulmans et la peste, plus cruelle encore, avaient épargnée.

Une tempête affreuse engloutit la plus grande partie de la flotte à la vue du port de Trapany. Tant de malheurs, qui semblaient marquer d'une réprobation céleste ces pélerinages désastreux, n'empêchèrent point Philippe, Thibaut et le roi de Sicile, de s'engager, au nom du Ciel même, à reprendre la croix sous trois ans.

Thibaut avait apporté de Tunis le germe d'une maladie que la fatigue rendit mortelle, il ne devait plus sortir de Trapany. Philippe, qui lui avait voué l'amitié d'un frère, le vit bientôt expirer dans ses bras.

Isabelle, reine de Navarre et comtesse de Bar-sur-Seine, apprenant le prochain retour des croisés, partit au-devant de son mari et de son frère Thibaut, et lorsqu'elle aborda les côtes de Provence, elle apprit la mort de son époux, qui avait péri dans la croisade, et celle de son frère, qui venait de succomber à Trapany. Le coup fut si terrible, qu'elle en mourut de douleur peu de jours après.

Isabelle de Navarre n'ayant point d'enfant, le comté de Bar-sur-Seine revint encore une fois à la Champagne, malgré les protestations du fils d'Agnès, qui, arrivé à la majorité, réclamait le patrimoine de ses aïeux, soit comme héritier d'Agnès de Champagne, soit comme neveu d'Isabelle de Navarre. Peu puissant, il ne fut point écouté.

Thibaut n'ayant point eu d'enfants d'Isabelle de France, ses états tombèrent aux mains de son frère Henri, qui devint 15e comte de Champagne, sous le nom de Henri III. Le prétendant au comté de Bar-sur-Seine réclama ses droits au comté près de Henri ; mais ce dernier fut comme son prédécesseur, il n'eut aucun égard à cette réclamation.

Le nouveau comte de Champagne vint à Bar-sur-Seine, et reconnut de nouveau les franchises accordées par ses prédécesseurs aux habitants de cette ville et à ceux de Villeneuve et Celles.

Henri ne fit que passer sur le trône, il mourut à Pampelune après un règne de trois ans, laissant deux enfants, Jeanne et Louis. Le gouverneur et la nourrice de ce dernier, qui était d'une complexion extrêmement délicate, se le jetaient, dit-on, en jouant ; et son extrême petitesse ne leur faisait présager aucun danger dans ce jeu, quand le gouverneur le laissa échapper de ses mains, et le jeune prince tomba par la fenêtre d'une haute galerie. Le malheureux qui avait causé sa mort se précipita par la même fenêtre, et mourut brisé comme lui.

Jeanne, encore enfant, fut reconnue reine de Navarre et comtesse de Champagne et de Bar, sous la régence de Blanche d'Artois, sa mère. Cette dernière épousa Edmond de Lancastre (1), frère de Henri, roi d'Angleterre. Nous trouvons que ce dernier vint à Bar-sur-Seine afin de rendre foi et hommage au duc de Bourgogne, reconnaître les franchises accordées aux habitants de Bar-sur-Seine, et remplir enfin toutes les formalités exigées en pareille circonstance.

Le riche patrimoine de la jeune Jeanne, comtesse de Champagne, de Brie, de Bar et reine de Navarre, était convoité par une foule de prétendants qui demandaient la main de la jeune princesse. Ce fut Louis, fils aîné de Philippe-le-Hardi, parent de Jeanne au troisième degré, qui l'emporta sur ses concurrents. Il fallut une dispense du Pape pour couronner cette union. Le roi d'Aragon fit ce qu'il put pour empêcher de l'obtenir; mais le Pape, comprenant bien que si Jeanne devenait jamais la femme d'un prince étranger, une partie de ses domaines, situés au milieu de la France, deviendraient le sujet de querelles éternelles, accorda la dispense, mais en faveur de Philippe, second fils du roi, et non de Louis. Ce dernier étant mort sur ces entrefaites; ses droits passèrent à son frère Philippe, et la prévoyance du Pape, qui craignait un trop grand accroissement de la monarchie française, fut mise en défaut. Philippe épousa Jeanne, et remplaça bientôt son père sur le trône de France; alors les comtés de Champagne, de Brie et de Bar furent réunis à la couronne de France.

La jeune reine arrivée à sa majorité, reprit la régence de la Champagne des mains d'Edmond de Lancastre.

Renaud, fils d'Agnès, qui avait déjà fait valoir ses droits au comté de Bar-sur-Seine, comme nous l'avons fait voir à plusieurs reprises, renouvela sa demande qui resta sans réponse. Encouragé secrètement par le duc de Bourgogne, Renaud fit irruption sur le comté de Bar-sur-Seine et s'en empara aussitôt.

La jeune reine de France apprenant cet envahissement, prit en personne le commandement d'une armée pour aller reconquérir le comté de Bar. Jeanne ne fut pas généreuse; elle « qui tenait tout le monde enchaîné par les yeux, par les oreilles et par le cœur; qui était belle, » éloquente, généreuse et libérale (2), » ne laissa voir aucune de ces qualités

(1) *Campagniæ, Briæ comes.* (Voyez *Pérard*, page 529.)

(2) Mézerai.

pour son parent. Elle mit tout le comté à feu et à sang. Bar-sur-Seine, qui tomba en son pouvoir, fut livrée aux horreurs du pillage ; et le comte, fait prisonnier, fut jeté dans un cachot et traité avec une rigueur que le vaincu ne devait pas attendre d'un tel vainqueur. Jeanne lui rendit cependant la liberté, mais après l'avoir dépouillé de ses châtellenies, dont elle agrandit les siennes.

C'est ainsi que le comté de Bar-sur-Seine fut définitivement réuni à la couronne de France.

CHAPITRE XI.

La réunion du comté de Bar-sur-Seine à la couronne de France faisait présager de meilleurs jours aux habitants de ces contrées, car les querelles des divers prétendants à cette succession devaient nécessairement cesser d'elles-mêmes ; mais de nouveaux malheurs, en rien comparables à ceux qui avaient déjà frappé cette ville, allaient encore s'appesantir sur elle.

Les Anglais venaient de mettre le pied sur le sol français, marquant leur passage par le pillage et l'incendie ; partout où ils passaient les populations étaient exterminées sans pitié ; les villes, les bourgs et les villages étaient détruits.

Robert de Knolles, chef d'un corps anglais, ravageait la Champagne ; Troyes allait tomber entre ses mains, quand Henri de Poitiers, évêque de cette ville, vint l'attaquer et mit ses troupes en déroute. Alors les soldats de Robert, mis à la débandade, se jetèrent sur le comté de Bar-sur-Seine, et, rejoints par des troupes nombreuses, ils pillèrent Bar et tous les pays environnants, qui furent ensuite brûlés et en partie détruits.

Le canon se faisait entendre pour la première fois dans ces contrées.

Tonnerre tomba en leur pouvoir, après avoir été soumis aux horreurs d'un siège.

Les édifices devinrent inhabitables, les monastères furent détruits. La famine et la peste achevèrent la ruine de ce malheureux pays.

Les Anglais abandonnèrent Bar-sur-Seine après un court séjour, mais ils reparurent bientôt, commandés par un nouveau chef encore plus barbare que le premier ; il se nommait Eustache d'Auberticourt. De Bar il remonta vers Troyes, ne laissant que ruines derrière lui. L'évêque de Troyes, aidé par Broquard de Fénestrange, aventurier Lorrain, résolut de délivrer son pays de ces étrangers. Ils marchèrent hardiment à leur rencontre ; les deux armées se heurtèrent près de Nogent. Le combat fut sanglant ; les deux partis se détruisirent presque entièrement. Le courage que montra Fénestrange dans cette bataille, le fit passer à la solde du roi Jean; mais bientôt ne trouvant plus en cet homme qu'un chef de bande dont les soldats indisciplinés n'étaient qu'un amas de voleurs et de brigands, le roi congédia Fénestrange et sa troupe, après lui avoir retiré sa solde. Ce dernier promit bien de se venger aussitôt que l'occasion s'en présenterait. Il ne tarda pas à réaliser sa menace.

Les Anglais recevaient de nouveaux renforts; la France, épuisée par de si longues discordes, était obligée de s'imposer de grands sacrifices pour se défendre contre l'ennemi commun. Fénestrange crut le moment favorable pour accomplir sa vengeance. Après avoir réuni une armée nombreuse, il déclara la guerre au roi, convaincu que ce dernier aurait assez à faire de se défendre contre les Anglais.

Fénestrange, à la tête de sa troupe, arriva dans le comté de Bar-sur-Seine, et là ses soldats exercèrent les plus grandes cruautés. Tout ce qui appartenait au roi fut pillé et brûlé; les Riceys, Polisy, Polisot, l'abbaye de Mores, Celles, Villeneuve, furent, les premiers, victimes de cette invasion. Arrivé devant Bar-sur-Seine, il fut étonné de trouver de la résistance; il lui fallut s'arrêter devant cette place et en faire le siège. Mais Fénestrange ayant des forces bien supérieures à celles que pouvait lui opposer cette ville, ne tarda pas à y pénétrer. Bar fut pillée, ses habitants massacrés, et l'incendie acheva la destruction de cette malheureuse cité.

Froissad rapporte qu'il y eut *neuf cents bons hôtels de brûlés*, et désigne cette ville comme *lieu notable de grand renom et ancienneté*, et ajoute :

> La grand ville de Bar-sur-Seigne
> A fait trembler Troyes en Champaigne.

Le roi, prévenu de l'invasion de Fénestrange sur ses terres, envoya un corps d'armée qui arriva malheureusement trop tard pour sauver Bar-sur-Seine. Fénestrange, averti de l'arrivée de l'armée royale, battit en retraite dans la direction de Châtillon, emmenant à sa suite les principaux habitants de Bar-sur-Seine; il traversa Mussy à la hâte, qui n'osa pas lui résister, arriva près de Châtillon en même temps que l'armée royale, qui l'atteignit, lui livra bataille et le défit complètement. Les ôtages qu'il traînait à sa suite furent délivrés.

Le roi Jean, instruit du malheur qui venait de frapper le comté de Bar-sur-Seine, accorda plusieurs droits pour aider la ville de Bar à se relever de ses ruines. Nous rapporterons en entier la charte qu'il octroya, car elle atteste les évènements que nous venons de raconter.

« Jehan, par la grâce de Dieu, roi de France, au Bailli de Troies et

» de Meaux, ou à son Lieutenant. SALUT. Ouï la supplication des Ha-
» bitants de la ville de Bar-sur-Seine, disant que comme grant partie
» des ponts de ladite Ville étant sur la rivière de Seine au-dessus de
» *nos molins* dudit lieu, sont à présent en très-grant ruine, pour les-
» quelles réparations nosdits molins seraient grandement amendrés,
» lesquelles réparations lesdits Habitants n'ont pouvoir de mettre en
» état, tant pour ce que la plus grant et la plus saine partie de leurs
» maisons ont été *arses* par le fer des guerres, comme pour ce que
» cette présente année lesdits suppliants ont perdu grant partie de leurs
» biens par les Bretons et gens d'armes qui ont été longuement audit
» pays, et pour ce, nous ont supplié que considéré que en ladite Ville
» n'a aucune foire fors le mardi après la Trinité, laquelle appartient
» aux Religieux de ladite Ville singulièrement, et aussi ce que ladite
» Ville *est et a été lieu notable*, *de grant renom d'ancienneté*, nous
» voulissions octroyer auxdits suppliants à leur profit une foire en
» ladite Ville, à durer chacun an *la veille*, *le jour et le lendemain*
» *de la fête Sainte-Luce*, au mois de Décembre, chargée des dettes et
» servitudes que sont nos marchiés de ladite Ville, afin que par icelle
» lesdits suppliants se pussent relever, et des émoluments d'icelle sou-
» tenir les réparations desdits ponts, et les autres besoignes que les-
» dits suppliants ont à faire, nous vous mandons et commettons, que
» appellé notre Procureur avec ceux qui seront à appeller, vous eformiés
» quel prouffit et quel dommage ce serait à nous, auxdits suppliants
» et aux voisins, et l'information que faites aurés sur les choses dessus-
» dites, avec votre avis sur ce envoyés sous votre scel, loyaument
» enclos à nous ou à nos amés et féaux les gens de notre Conseil, afin que
» icelle vue, nous puissions pourvoir auxdits suppliants sur les choses
» dessusdites de telle grâce, comme bon nous semblera, laquelle chose
» nous avons octroyé auxdits suppliants de grâce spéciale par ces pré-
» sentes.

» Donné à Châtillon-sur-Seine le dixième jour d'octobre, l'an de
» grâce mil trois cent soixante et deux (1). »

Les Anglais, vainqueurs à Poitiers, poursuivirent le cours de leurs succès, et se dirigèrent à marche forcée sur la Bourgogne ; ils occupèrent bientôt le comté de Bar-sur-Seine, Mussy, Gyé, les Riceys, etc., et se portèrent de là sur Châtillon, où était réunie l'armée Bourguignonne, parmi laquelle se trouvait l'élite de la noblesse de cette contrée. On y remarquait les sires Henry, Hugues et Jacques de Vienne. Les deux armées se rencontrèrent à Brion-sur-Ource, où elles se livrèrent un

(1) ROUGET, *Histoire de Bar-sur-Seine*, p. 176.

sanglant combat. Les Anglais furent encore vainqueurs. Brion, Massingy et Ampilly furent détruits par l'incendie et le pillage ; Châtillon subit le même sort.

La bataille de Brion ouvrant la Bourgogne aux Anglais, entraîna sur cette province les malheurs dont la journée de Poitiers avait affligé la France.

Une trève de trois ans, signée entre le duc de Bourgogne et les Anglais, laissa espérer un moment de repos.

Malgré la ruine totale de Bar-sur-Seine, cette ville paraît avoir repris quelque développement peu d'années après ce désastre, car nous trouvons qu'en 1364 elle possédait, comme lors de l'institution de la commune, son maire, ses douze maïeurs et sa justice. Nous en avons une preuve dans la charte que nous allons rapporter, concernant deux malfaiteurs arrêtés à Chauffour, lieu dépendant de Bar-sur-Seine, par ordre du bailly de Troyes, qui les rend à la justice de Bar-sur-Seine pour être jugés. En voici la teneur :

« A tous ceux qui ces présentes lettres liront et verront, Jehan de » Maison, Comte, Chevalier, Seigneur de Thorigny, Conséiller du roi » notre sire, et son Bailli de Troies et de Meaux. SALUT. Comme pour » certains cas.... prins le Maréchal et Jehannotte la boiteuse sa femme, » demorans à *Chauffour*, en la châtellenie de Bar-sur-Seine, étoient » dénoncés et soupçonnés, iceux mariés eussent été de notre comman- » dement pris en la Ville dudit Bar, et amenés prisonniers ès Prisons du » Roi notredit Seigneur à Troies, et eux ainsin emprisonnés par Jean » Ranny, *Maïeur*, et les Echevins de la commune dudit Bar, nous a été » exposé iceux Maïeur et Echevins être et avoir été en vertu de chartre » en saisine et possession de avoir la rendue, et toute la connoissance, » condamnation et absolution, selon le cas de toutes personnes quelcon- » ques, linges, effets ou autres, elles aient été ou soient prises pour cas.. » en ladite Ville et en la Châtellenie dudit Bar, et icelle saisine et pos- » session eux et leurs prédécesseurs Maïeurs et Echevins dudit Bar, » avoit joys et usés notoirement et paisiblement par tel et si longtemps » qu'il n'était mémoire au contraire, et se aucuns empêchements leur y » avoir été mis, il en avait été levé, et été à leur intention, et de ce » nous offrant informer si juste étoit, en nous requérant lesdits prison- » niers être à eux rendus et délivrés pour en faire selon ce que dessus, » est dit et distinct et déclaré, par nous iceux Maïeurs et Echevins » être et devoir demorer en leur saisine et possession et justice d'icelles, » sur quoi nous appelé, et oy Jean Climent, Procureur du Roi notre » Sire au Bailliage de Troies, ayans fait information, tant pour la

» vision et teneur de ladite chartre, comme de la déposition et déclaration de plusieurs et suffisantes personnes dignes de foi, par laquelle information nous avons trouvé les choses exposées par lesdits Maïeurs et Echevins, être icelles telles et par la manière que dessus est dit; saichent que vu sur ce par nous, et en la présence dudit Procureur bonne et meure délibération de Conseil, où plusieurs étaient présents; et considéré tout ce qui faisait à considérer, et que nous et ledit Conseil pouvoit et devoit apercevoir.

» Nous, par la délibération d'icelui Conseil en la présence et assentement d'icelui Procureur, avons décernés et déclarés, et par Jugement décernons et déclarons par ces présentes *les dessusdits prisonniers devoir être, et iceux avons rendus auxdits Maïeur et Echevins*, et iceux Maïeur et Echevins eux être et devoir demorer en leursdites saisines et possession et Justice d'icelle comme dessus est dit; en témoin de ce nous avons scellé ces présentes lettres du scel desdits Bailliages.

» Fait et donné à Troies, le samedi soir de Saint-Andry, l'an mil trois cent soixante et quatre (1). »

La guerre des Anglais et celle de Fénestrange avaient réduit le malheureux pays de Bar-sur-Seine et des environs à la plus affreuse misère. Les habitants ne pouvant relever leurs habitations, adressèrent au roi Charles V une supplique, afin qu'il vînt à leur aide. Leur demande ne resta pas sans réponse; car le monarque octroya presque aussitôt une charte qui leur permettait de prendre du bois dans une forêt dépendant du domaine de la couronne. Nous en rapportons les passages les plus saillants.

« CHARLES, par la grace de Dieu, Roi de France, aux Maîtres enquêteurs de nos eaues et forests, aux *gruyers, gardes et forêstiers de nos bois, appellé la forest Brouart*, ou à leurs Lieutenants; SALUT. Les Habitants des Villes de Bar-sur-Seine et de Merrey nos subjets, hommes et bourgeois sans moyen, nous ont fait signifier que comme eulx et leurs prédécesseurs Habitants desdites Villes aient eu et aient de tout temps ez finaiges desdites Villes certains héritaiges, tant en esprincipal comme en général, vignes très nobles, usaiges et paturaiges à toute manière de leurs bestes, en certaines costes et vaulx, attenants ou assez près de nosdits bois de forests. de Brouart assis esdits finaiges, lesquels héritaiges sont venus et chus à ruine, et en désert pour cause de la grande mortalité qui fut et dura audit pays moult longuement, l'an xlviij et xlix, après laquelle il demeura peu de gens esdites villes, comme pour cas des guerres que depuis ont

(1) ROUGET, *Histoire de Bar-sur-Seine*, p. 178.

» étés en icelui pays et environ, et pour ce n'aient encore pu lesdits » Habitants ne relever iceulx Habitants ne user desdits héritaiges et » bonnes pastures, si comme par avant avoient faits, tant pour le » petit nombre de gens qui ont été et encore sont comme pour défaut » de bestes, pour lesquels inconvénients il est venu et creu en leursdits » héritaiges, usaiges et vains paturaiges adroits à nous et attenants à » nosdits bois, certaines brosses, coudrées, espines, buissons, petits » chênes et autres bois, combien que lesdits Habitants pour eulx, » leurs bêtes, ils en ont toujours usés selon ce que faire leur peu, con- » sidéré le temps dessusdit, et il soit ainsin que de nouvel, s'est assa- » voir la sepmaine après la Présentation Notre-Dame, passé iceulx » Habitants aient estés et soient troublés, en empescher par vous ou » aulcuns de vous en leursdits héritaiges et vains pasturaiges et leur » avés défendus et fait défendre par les Sergents desdits bois, que plus » ne usent ne joissent des choses dessusdites, ne y fassent pasturer » aulcunes de leursdites bêtes dor en avant, soubs umbre de ce que » vous dites que ce sont accrues à nosdits bois, ne l'empeschement » n'avez voulu ne voulez oster auxdits Habitants sans avoir de nous » exprès mandement, pour ce est il que nous qui voulons nosdits sub- » jets estre gardez et demourer en leurs usaiges, franchises et libertez, en » considération des choses dessusdites, et à ce que lesdits Habitants sont » nos hommes de *jurée et nous payent chacun an* un denier de la livre » de leur meuble, *et onze deniers de la livre* de leurs héritaiges, *au* » *terme de la Saint-André, à cause de finance, avec d'autres sommes de* » *deniers qui nous doivent et payent chacun an à la Penthecote, qui* » *monte à environ xlix livres vij s. et iiij den. tournois, à cause de la* » *moine justice et commune dudit Bar, concidé aussi les grandes pertes* » *et dommaiges qu'ils ont euz et soutenus pour le fait desdites guerres* » *dont ils sont chus, en grande poureté.* Vous mandons et vous enjoi- » gnons étroitement à chacun de vous par à lui appartiendra, que ce » par bonne et diligente information ou autrement, duement appellé » ceulx par pour ce seront à appeller. Il vous appert est ainsin vous ferez » et laissez iceulx Habitants et chacun d'eulx rettirer et mout à cousture » et en état lesdits héritaiges toutes fois qu'il leur plaira, et ils pourront » pour le prouffit d'eulx et de leurs successeurs, nonobstant lesdites » accrehues desquelles il nous plaist. Voulons au cas dessusdit qu'ils puis- » sent joir et icelles copper ou faire copper et user sous contredit toutes- » fois qu'il leur plaira, et que ils aient le vain pasturaige pour toutes » leurs bestes, comme ils y avoient et ont eu ou temps passé en ostant » led. empeschement qui mis leur y est de nouvel par vous ou autres,

» lequel nous de notre grace espéciale en ostons oudit cas par ces » présentes tous obstacles quelconques.

» Donné à Paris le deuxième jour de Janvier, l'an de grâce m. ccc.lx » sept, et de notre règne le quart ; ainsi signé ez Requestes de l'Hostel » de Voinis, par vertu desquelles dessus escriptes, appellé avec nous » Pierre Fautier, Procureur du Roi notre Sire, et Pierre Lebrossat, » son advocat ou Bailliage de Troies. Nous nous sommes informés au » mieux, et le plus dilligemment que nous avons pu de ce fais conte- » nus en icelles par plusieurs témoins dignes de foy. Nous contredits » par ledit Procureur, ausquels Procureur, advocat et tesmoins, en » notre présence lesdits Habitants ont fait voir et monstré des lieux » contentieux, et l'information que faite en avons aujourd'hui ; avons » fait dilligemment veoir, lire à plusieurs saiges dignes de foy, tant » *Consoillers et Officiers du Roi notre Sire esdits Bois et ailleurs*, » comme aussi en la présence dudit Procureur qui sur ce ne mist au- » cun débast ou contredit, combien que par nous en ait esté suffisam- » ment sommé et requis ou cas qu'il y verroit ou sçaurait aulcune chose » dire nous monstré ou enseigne au prouffit et à l'intention du Roi » notredit Seigneur, sçavoir faisons que veu et considéré le contenu » esdites lettres royaulx, les dépositions desdits témoins mis en escript » sur ce il appert, de tout ce qui est à considérer, avec tout ce qui » nous puet et doit monnoie à droit et raison, faire par le consoil et » délibération des dessusdits. Avons dit, prononcé, déclaré, disons, pro- » nonçons, déclarons et à droit, que lesdits Habitants *ont suffisamment » prouvé leur intention, possession et saisine de ce qu'ils avoient donnés » à entendre à la Cour du Roi notre Sire par sesdites lettres dessus incor- » porées*; et par ce sont et demourent, seront et demoureront lesdits Habi- » tants de la ville de Bar-sur-Seine, leurs successeurs et chacun d'eux, *en » possession et saisine des héritaiges, costes et vaulx, usaiges et pasturaiges » dont mention est faite esdites lettres du Roy notre Sire*, c'est assavoir » en une coste appellé *val Richard*, et ou val d'icelle, tenant d'une part » au Bois de l'Ostel-Dieu de Bar, et d'autre au bois du Roi, jusques » au chemin par où l'on va de Bar à Ville-sur-Arce, par-devers ladite » Ville de Bar. Item. *En une autre coste et ou val d'icelle, appellé la » coste Dame Ysabel, tenant au bois Jehan de Bourgoigne, d'une part*, » et d'autres aux vignes des commes de ladite Ville par-devers la » Borde. Item. *En une autre coste et ou val d'icelle*, appellé *la For- » escelle*, tenant au bois du Roi, d'une part, et d'autre aux vignes de » Devois, toutes lesdites costes et les vaulx d'icelles assises près du bois » du Roi notre Sire, appellé forest Brouart, et bon exart séant ez fi-

» naiges de ladite Ville de Bar, *par ainsin qu'ils en pourront user pour*
» *copper et prendre en iceulx tous bois verd et secq pour leur chauffaige,*
» *faire roues pour leur charues, paisseaux et autres nécessitez et prou-*
» *fit, sous ce qu'il ou aulcun d'eux les puisse vendre, alliéner, trans-*
» *porter, donner ou bailler à aulcune personne estrainge*, ne hors
» de leur finaige, et aussi pourront mener, garder et faire paisturer
» toutes leurs bestes, excepté chèvres, en toutes lesdites costes et vaulx
» d'icelle; et quant aux Habitants de la Ville de Merrey, ils useront et
» pourront user semblablement comme les Habitants dudit Bar, en la-
» dite coste de la Forescelle ou val d'icelle seulement, et non ailleurs,
» en vertu desdites lettres et de cette commune création et déclaration,
» en payant au Roi notre Sire ou à ses gens par chacun an, telles ren-
» tes et redevances comme esdites lettres est contenue, etc....

» Ce fut fait et donné de nous soubs notre scel, le huitième jour de
» Septembre, l'an de grace mil trois cent soixante et dix (1). »

La trève signée entre le duc de Bourgogne et les Anglais, le 10 mars 1360, faisait espérer un instant de calme; mais il n'en fut point ainsi. Les grandes Compagnies succédèrent à Fénestrange et aux Anglais ; puis vint Charles-le-Mauvais, qui prétendit avoir des droits au duché de Bourgogne, et enfin le duc de Montebéliard, qui, profitant de l'absence du duc de Bourgogne, en ce moment en Bauce avec tous ses hommes d'armes, pénétra dans cette province à la tête d'une armée nombreuse.

Le duc se hâta de revenir au secours de la Bourgogne. Il s'arrêta à Langres, où il trouva déjà réunis le sire de Sombernon, le sire de Grancey, seigneur de Ricey, messire Hugues de Vienne et l'évêque de Langres, qui se disposaient à arrêter l'ennemi. La Bourgogne échappa heureusement à cette invasion qui lui eût été funeste. Le duc, forcé de repartir, et souvent exposé à faire de fréquentes et longues absences pour le service de son frère le roi de France, établit Eudes de Grancey gouverneur du duché de Bourgogne, lui confiant tout pouvoir de veiller à la défense du pays, l'autorisant à rassembler des hommes d'armes, à contraindre les communes à s'armer pour garder leurs villes et bourgs. Il lui assigna, à cet effet, trois florins par jour.

La France, épuisée par la guerre qu'elle soutenait contre les Anglais, avait besoin de nouveaux subsides. Le roi de France obligea le duc de Bourgogne à frapper d'une imposition de douze deniers par livre, toutes les denrées vendues dans l'étendue de la Bourgogne (2), accablée déjà par des impôts sans nombre. La Bourgogne dépêcha des députés au roi, afin

(1) ROUGET, page 181.
(2) BARANTE.

de le prier de ne point exiger la levée des deniers dont il frappait le duché. Ces députés furent les abbés de Citeaux, de Ste-Bénigne et le sire de Grancey. Ils remontrèrent au roi que la gabelle sur le sel, établie en 1364, était déjà un lourd fardeau pour la Bourgogne, qui pouvait à peine se relever des ruines que les dernières guerres avaient occasionées. Chaque feu était déjà taxé, par le duc, d'un impôt écrasant, qui exigeait, en outre, le huitième du vin vendu en détail.

Aidée par les secours que les rois Jean et Charles V lui accordèrent, Bar-sur-Seine se relevait lentement de ses ruines. Ses murailles, endommagées par les derniers sièges, ne pouvaient plus être réparées. On en construisit de nouvelles, qui ne furent achevées qu'en 1402. A cette époque, la ville recevait un nouveau gouverneur, comme comte usufructuaire de la ville et comté de Bar-sur-Seine. Messire Jean de Vienne, amiral de France, qui, pendant les dernières guerres contre les Anglais, avait rendu d'éminents services à la France, reçut du roi Charles VI le don de l'usufruit de ce comté. A dater de cette époque, Bar-sur-Seine fut régie par des comtes usufructuaires. Le roi Charles VI honora de sa présence la ville de Bar-sur-Seine : il y entra suivi d'une cour nombreuse et brillante; il ne fit qu'y séjourner. Mais Châtillon posséda le monarque plusieurs jours dans ses murs.

CHAPITRE XII.

Comme nous l'avons déjà fait voir à nos lecteurs, les guerres suscitées entre les princes et les grands de l'époque tenaient souvent à de faibles intérêts, à des discussions de famille, soit pour quelques coins de terre, soit pour quelques droits seigneuriaux. Les cas de la moindre gravité suffisaient pour une prise d'armes, et amenaient la ruine des populations. Nous allons encore avoir à signaler une de ces malheureuses guerres, qui détruisit une partie du territoire composant aujourd'hui l'arrondissement de Bar-sur-Seine.

En 1411, le comte de Tonnerre avait enlevé une cousine du duc de Bourgogne, qu'il n'avait pu obtenir en mariage. A peine cet enlèvement consommé, le duc de Bourgogne déclara la guerre au comte de Tonnerre. Ce dernier se sentant protégé par le comte d'Armagnac, résolut de résister à la voix du maître et de courir les chances d'une lutte qui devenait inégale par les forces qu'avait à lui opposer le duc Jean. Ce dernier entra les armes à la main sur le comté de Tonnerre, afin de se venger de l'outrage que le comte lui avait fait ; en même temps le comte de Tonnerre écrivait au duc qu'il ne le reconnaissait plus pour son seigneur, et entra dans la ligue des Armagnacs. Le duc, outré de colère, se promit de faire payer cher l'insulte que lui faisait le comte.

Il commença par ravager une partie du comté. Laignes, Griselles, Channes, Crusy, Bagneux, Bragelogne, Arthonay, Tanlay, Maulne, Ricey-le-Haut (vieux château), eurent leurs châteaux rasés, et les populations frappées d'énormes contributions. Le pillage, le meurtre, eurent lieu dans la plupart de ces localités. Tonnerre tombé au pouvoir du duc, le pays du Tonnerrois fut dès-lors incorporé à la Bourgogne. Cependant, par le traité d'Arras, 1414, le duc se vit contraint de rendre le Tonnerrois. Mais le duc prétend avoir une autre insulte à venger. La paix est à peine signée, qu'il envoie dans le comté de Tonnerre son armée, commandée par Elyon de Jaqueville, homme pervers, connu par sa méchanceté. Le Tonnerrois fut de nouveau dévasté. Le pays que nous venons de citer, et au-delà, devint encore le théâtre de la guerre. Mussy ayant une garnison d'Armagnacs, refusa d'ouvrir ses portes au duc; une grosse bombarde qui suivait l'armée força la ville à capituler. En un instant les rues furent inondées de sang, la ville fut ruinée et en partie incendiée.

Le roi Charles V n'était plus ; le règne de son successeur devait encore être plus funeste à la France, il commença par la révolte des principales villes du royaume. Troyes était surtout livrée à la plus épouvantable anarchie ; Charles VI la fit rentrer dans le devoir. Mais la bataille d'Azincourt vint, quelque temps après, rendre cette cité témoin d'une suite de scènes bien plus malheureuses encore.

Malgré que le comte d'Armagnac eût signifié au duc de Bourgogne les ordres du roi, qui lui prescrivait de ne point s'approcher de Paris, le duc ne tint aucun compte de cette défense. Il s'empara d'abord de Bar-sur-Seine, de Chappes, de Troyes, puis marcha sur Provins et Lagny, de là revint à Troyes. Cette ville, qui s'était rangée de son parti, devint alors le théâtre des fureurs de la reine Isabeau, qui venait d'être enlevée de sa prison de Tours par le duc et amenée dans cette ville. Montereau vit bientôt le duc Jean-sans-Peur tomber sous la hache d'infâmes assassins guidés par un prince du sang royal. De là datent nos malheurs. Ce fut par ces blessures que les Anglais pénétrèrent en France et ravagèrent notre patrie. Le jeune duc de Bourgogne Philippe ne rêva plus que vengeance et abandonna tout amour national pour venger la mort de son père : une alliance fut signée entre lui et Henri V, roi d'Angleterre, qui épousa à Troyes Catherine de France. Des fêtes et des tournois préludèrent à ces noces fatales. Elles furent célébrées dans l'église St-Jean, dont le clocher fut longtemps ceint par le milieu d'une couronne fleurdelysée, qui y fut placée en mémoire de cet événement. Dès-lors la Champagne reconnut l'autorité du roi anglais, que le traité de Troyes avait nommé régent du royaume. Lorsque le roi de France mourut, le dauphin, dépossédé par Isabeau, sa mère, se fit proclamer roi; et, d'un autre côté, le duc de Bedfort prit le titre de régent du royaume, car Henri V venait de mourir à Vincennes.

Le duc Philippe, poussé par la vengeance, n'avait pas réfléchi aux funestes conséquences de l'envahissement étranger; aussi avait-il d'amers regrets. D'un côté le dauphin lui faisait offrir de confirmer la donation du comté de Tonnerre que le duc Jean avait obtenue. Le duc de Bedfort craignant de voir échapper de son alliance le duc de Bourgogne, lui donna le comté de Bar-sur-Seine, Auxerre et Mâcon. Mais ce pays était infesté par des bandes ou compagnies d'Armagnacs qui se livraient à toutes les horreurs du pillage; la duchesse de Bourgogne, qui se trouvait à Bar-sur-Seine, ne put se rendre à Dijon, tant il y avait de danger. Ce ne fut qu'après plusieurs expéditions qu'on parvint à rendre cette route praticable.

En 1424, la châtellenie de Bar-sur-Seine, qui venait d'être donnée par le duc de Bedfort à Philippe, fut érigée, en faveur de ce dernier, en bailliage. Ce bailliage et celui de la montagne formèrent une pointe élevée au nord-est, et celui de Tonnerre au nord-ouest.

Se trouvèrent compris dans sa circonscription, de nouveaux villages qui n'appartenaient point à l'ancien comté de Bar-sur-Seine, et qui restèrent ainsi jusqu'à la révolution française. En voici les noms :

Arrelles.
Avirey.
Balnot.
Bourguignons.
Buxeuil.
Buxières.
Celles.
Chauffour.
Juilly.
Landreville.
Loches.
Merrey.
Polisot.
Polisy.
Ricey du mitan (ainsi nommé dans les chartes du temps).
Ricey-le-Val.
Riel-les-Eaux.
Villemorien.
Ville-sur-Arce.
Viviers.

L'alliance de la Bourgogne et de la Champagne avec l'Angleterre avait renversé l'ancienne administration. M. de Vienne, nommé par le roi comte usufructuaire de Bar-sur-Seine, perdit ses droits par le nouvel ordre de choses. Triste époque, où chaque ville voyait flotter sur ses édifices l'étendard d'Angleterre, qui y resta jusqu'en 1429.

Charles VII, avec l'aide de Jeanne-d'Arc, parvint à reconquérir une partie du royaume, et partit à Reims accompagné de cette noble fille, pour s'y faire couronner. Auxerre et Troyes fermèrent leurs portes au monarque (1).

Cependant la Champagne commençait à se fatiguer de la présence des ennemis acharnés de la France ; il ne se passait pas de jours que le pays n'eût à se plaindre de quelques vexations ; des pillages partiels se répétaient continuellement. L'approche du roi frappa de terreur celui qui prenait le titre de régent du royaume ; et craignant une rupture avec le duc de Bourgogne, qui s'apercevait, mais trop tard, des malheurs qu'il avait appelés sur son pays, l'Anglais garantit au duc la possession de la Champagne et de la châtellenie de Bar-sur-Seine, qui étaient encore occupées par les troupes anglaises.

Mais les Français expulsèrent les Anglais du Rémois, du Vallage et du Tonnerrois. Langres n'était point en la possession des Anglais. Cette ville résista à plusieurs assauts répétés ; le sire de Château-Villain, qui en était gouverneur, fit plusieurs excursions et chassa l'ennemi du diocèse, mais il ravagea le bailliage de Bar-sur-Seine, qui venait d'être donné au duc Philippe. Les moissons ni autres récoltes ne purent se faire. Crevant, Mussy, Bar-sur-Seine et tous les bourgs et villages du bailliage furent pillés. Bar fut repris au duc de Bourgogne, qui, après quelques jours de siège, reprit cette ville à son tour.

Le sire de Rochefort, seigneur de Bragelogne, entré depuis peu dans la ligue des Armagnacs, chercha à s'emparer du chancelier Rollin (2), seigneur de Ricey. Cette tentative échouant, il n'eut que le temps de se joindre au sire de Château-Villain, afin d'échapper au juste ressentiment du duc ; mais ses seigneuries furent dévastées.

Henri VI, roi d'Angleterre, se fit couronner à Paris ; il confirma les donations, faites par le régent Bedfort, des comtés de Champagne et de la châtellenie de Bar-sur-Seine ; et Philippe fit tous ses efforts pour recouvrer les places que Charles VII avait fait rentrer dans le devoir. Le duc essaya de surprendre Troyes, dont il occupait les places environnantes, mais il échoua. L'armée royale, commandée par Barbazan, s'empara de Pont-sur-Seine, et ce capitaine, malgré l'infériorité de ses troupes, reprit aux Anglais et aux Bourguignons réunis plusieurs places importantes. Lorsque Barbazan se présenta devant Chappes (3), il trouva une résistance à laquelle il ne s'attendait pas. Il fallut commencer un siège en règle. La place se défendit avec un courage héroïque. Le duc de Bour-

(1) BARANTE.

(2) Le roi offrit une forte somme à qui lui livrerait le chancelier. (*Histoire de Bourgogne*.)

(3) Cette ville était alors importante ; elle ne se releva jamais de ses ruines.

gogne accourait à marche forcée pour sauver cette ville ; il arriva trop tard, Barbazan avait livré l'assaut ; il ne trouva plus que des ruines fumantes, des morts et des blessés. Le château de Villemaur avait subi le même sort ; enfin Bar-sur-Seine, puis Mussy (1), furent reprises au duc par Pierre de Beaufremont, qui devint capitaine châtelain et comte usufructuaire de Bar-sur-Seine.

Mussy, qui avait déjà beaucoup souffert des armées du duc de Bourgogne et des Anglais, se trouva presque détruite par ce dernier ravage. L'évêque de Langres (2) fit creuser de nouveaux fossés, et fit construire une muraille. La ville se relevant de ses ruines, vit s'élever, par ordre de l'évêque, un magnifique château, qui lui fit donner le nom de Mussy-l'Evêque.

Nous rapporterons le passage de la chronique de Vignier qui nous apprend comment eut lieu la nomination de ce nouvel évêque.

« L'évêché de Langres, dit-il, était vacant ; les plus nobles d'entre les chanoines se disputèrent alors le siège. La majorité des suffrages fut d'abord obtenue par Jean de Gobillon, fils d'un des plus riches habitants de Bar-sur-Seine, Godefroy de Gobillon ; mais bientôt ce candidat fut écarté. Gobillon défendit ses droits contre Philippe de Vienne, qui avait le pays en sa faveur. Gobillon en mourut de chagrin. »

Le 8 juillet 1431, le duc de Bourgogne conclut une trève de trois mois avec le Dauphin ; elle fut publiée par Jean de la Trémoille, premier chambellan du duc de Bourgogne, et Guy de Jaucourt. Cette trève comprenait seulement Troyes, Mussy, Chappes et Bar-sur-Seine.

Les différends si malheureux qui existaient entre le roi de France et le duc de Bourgogne, différends qui avaient amené la ruine des deux pays, étaient sur le point de se terminer ; des pour-parler avaient lieu entre les deux princes. Le duc de Bourgogne demandait à rentrer en possession du comté de Bar-sur-Seine, ce qui lui fut refusé. Il offrit d'en devenir acquéreur. Cette dernière offre ayant été acceptée, Bar-sur-Seine revint dès-lors à la Bourgogne.

Après ces guerres, une maladie contagieuse et une horrible famine vinrent fondre sur le pays.

Lorsque la paix fut signée entre les deux princes, il s'ensuivit un licenciement de troupes. Alors la Bourgogne, la Champagne, et principalement le diocèse de Langres (3), furent infestés de bandes armées, connues sous le nom d'*Ecorcheurs*. Ces malheureux se livrèrent, dans ces contrées,

(1) VIGNIER.

(2) Philippe de Vienne, qui venait d'être récemment élu.

(3) *Voyez* DEMONTROL, BARANTE, etc.

aux plus abominables traitements envers les habitants : ils étaient commandés par le bâtard de Brimeuse, le bâtard de Neuville, de Bourbon, etc., auxquels se joignit le sire de Rochefort, seigneur de Bragelogne. Tous les villages du bailliage eurent à souffrir le pillage et le meurtre. On eût dit que ces misérables s'attachaient à la destruction des populations, comme si les dernières guerres et les maladies qui régnaient n'avaient pas suffi pour exterminer les pauvres habitants de ces contrées. Enfin les troupes royales et Bourguignonnes vinrent mettre un terme à ces dévastations. Quelques années de calme adoucirent tous ces maux.

La paix ramena le calme dans ces contrées, les habitants relevèrent leurs habitations en ruines, et la terre, qui ne fournissait plus à l'homme sa nourriture quotidienne, redevint féconde : la famine et la peste disparurent. Mais on eût dit que les princes craignaient de voir s'accroître la population ; si la guerre n'existait plus à l'intérieur, il fallait aller chercher quelques aventures lointaines. Le duc de Bourgogne envoya son fils, avec l'élite de sa noblesse, faire la guerre aux Turcs, guerre malheureuse, dont l'issue est connue de tous. Les trésors de la Bourgogne furent employés à racheter la captivité du jeune prince.

Lors du départ de l'armée pour cette croisade, le duc de Bourgogne faisait ce fameux vœu du faisan ; et chaque seigneur voulant imiter le maître, fit aussi son vœu. Le sire de Hennequin faisait celui de ne manger, les vendredis, nulle chose qui eût reçu mort, jusqu'à ce qu'il se fût trouvé main à main avec les ennemis de la sainte foi ; Philippe Pott fit vœu de ne point s'asseoir à table les mardis, et de ne jamais porter, en cette entreprise, d'armures au bras droit ; Antoine Raulin, fils du seigneur de Ricey, promit de servir dans ce voyage, si son père voulait le lui permettre et en faire les frais ; son père, Nicolas Raulin, s'engagea à l'y envoyer avec 24 gentilshommes entretenus à ses frais ; Guillaume de Vaudrey s'engagea à ne point revenir sans avoir présenté au duc un prisonnier, etc.

Après cette croisade, dont l'issue fut si malheureuse pour la Bourgogne, les guerres de Flandre, si souvent nécessaires pour maintenir les populations turbulentes de ce pays, furent causes des énormes contributions dont fut frappée la Bourgogne ; puis vinrent ensuite les querelles de Charles-le-Téméraire, duc de Bourgogne, avec le roi Louis XI, qui, depuis longtemps, convoitait cette province.

En 1467, le roi, qui attendait qu'une catastrophe lui permît d'entrer en Bourgogne, avait envoyé un corps d'Ecossais, commandé par M. de Coningham (1), en observation sur les marches de la Champagne, et

(1) Cette famille descendait des rois d'Ecosse : elle resta dans le pays après la mort de Charles-le-Téméraire. Elle posséda la seigneurie d'Avirey.

lorsque la guerre éclata, en 1468, plusieurs villes refusèrent d'ouvrir leurs portes aux armées royales.

Arcis résista. Le duc envoya le sire de Ricey remercier les habitants, tandis que M. de Créquy allait traiter de la paix avec le roi (1). Une trêve de quelques années dissipa les craintes, et chacun espéra une paix générale. Mais l'esprit remuant de Charles-le-Téméraire se trouvant aux prises avec les idées envahissantes de Louis XI, attirèrent de nouveaux malheurs sur le pays. En 1472, le duc de Bourgogne avait dévasté tout le pays de Caux (2) et une partie de la Picardie : le roi ordonna que les mêmes dévastations eussent lieu sur toutes les marches de Bourgogne. Le comte de Roussi s'empara de Tonnerre et s'avança vers Troyes, tandis que le comte de Comont ravageait l'Auxerrois. Le sire de Roussi, après avoir accompli sa mission, fit jonction avec le sire Charles d'Amboise, gouverneur de Champagne, qui se mettait en marche pour détruire le bailliage de Bar-sur-Seine, appartenant au duc. Charles d'Amboise n'eut besoin d'aucun corps de l'armée royale pour cette expédition dévastatrice. Les Troyens offrirent leur concours pour cette campagne, voulant se venger de quelques griefs dont ils avaient à se plaindre des habitants de Bar-sur-Seine. A la suite du sire d'Amboise se voyaient, en première ligne, les Cordeliers de Troyes, qui furent les premiers à donner l'exemple du meurtre, du pillage et de la dévastation.

Afin de ne laisser aucun doute à nos lecteurs sur la véracité des faits qui vont se dérouler à leurs yeux, nous laisserons parler Rouget, qui copie un manuscrit déposé aux archives de Bar-sur-Seine.

« Il paraît que les Troyens furent les principaux auteurs de la désolation qui régna alors à Bar-sur-Seine; peut-être est-ce depuis cette époque qu'il n'y a pas grande sympathie entre les citoyens de Troyes et ceux de Bar-sur-Seine : cela s'entend parmi le peuple.

« Ce manuscrit dit que la ville de Bar-sur-Seine fut prise et mise toute » à feu et à sang, excepté l'église et le château, qui tint bon un espace » de temps; mais que les Troyens, par trahison, entrèrent dedans le » 7 juin 1475; que la ville était prise et brûlée un espace de temps avant » que le château se voulût rendre, jusqu'à ce que *Messire Jacques Pott* (3), » *sieur de Corps et de Brémont*, fût traîtreusement tué par un capitaine qui » lui demanda à parlementer à sûreté, et qu'il ôta l'armet qu'il avait en » tête; qu'aussitôt qu'il l'eut ôté, on lui tira un coup de flèche dans l'œil

(1) *Voyez* Barante.

(2) Barante, *Histoire de Bourgogne.*

(3) Jacques Pott était fils de Philippe Pott, que nous avons vu figurer dans le vœu du faisan.

» dont il tomba mort à l'instant ; qu'il y avait audit château un *traître* » *appelé Nostin de Bournonville, natif de Troyes*, qui avait demeuré » longtemps auparavant dans la ville, lequel, quand il vit ledit sieur de » Brémont décédé, encourageait le simple peuple, qui s'était retiré audit » château, de se rendre ; mais qu'il y avait de bons hommes de la ville » et d'ailleurs qui ne voulurent jamais condescendre à son dire, à savoir, » *les Ollivier*, *les Javelle* et les Henault d'Avirey-le-Bois, et d'autres ; » mais qu'enfin ils se rendirent à composition, savoir, les gens de guerre, » armes et enseignes déployées, leurs vie et bagues sauves, et tous ceux » qui s'étaient retirés audit château semblablement ; mais que ces mé« chants et maudits Troyens ne tinrent leur parole qu'aux gens de guerre; » qu'ils prirent les hommes, femmes et enfants de la ville, et les mirent » tous prisonniers en une grande maison appelée la salle, qui est au » marché du bled, et que quand tous ces pauvres gens furent tous en» ferrés et bien enfermés, ils vinrent à s'assembler et tenir conseil sur » ce qu'ils feraient de ces Bourguignons.

» Que les Jacquinot, de Troyes, furent les premiers qui parlèrent et » donnèrent avis qu'il fallait, pour bien faire, mettre le feu en ladite » salle, pour brûler tout vifs ces pauvres Bourguignons captifs ; mais » qu'un bon capitaine, nommé *Loisel de Baligny*, ayant pitié d'eux, » et voyant qu'on ne leur avait tenu parole, se mit en colère, et » comme homme d'autorité qu'il était, leur dit qu'il ne consentirait ja» mais qu'on usât de si grande rigueur et cruauté envers ces pauvres » gens.

« Que l'on vint à demander l'avis *des Cordeliers de Troyes qui étaient* » *présents ; que n'ayant point d'égards à Dieu ni à la foi qu'on leur* » *avait promise*, voyant que ce bon capitaine n'avait point voulu ac» quiescer à leur mauvaise volonté de les faire mourir si misérablement, » *que lesdits Cordeliers furent si animés d'avarice, qu'ils firent condes*» *cendre ces pauvres habitants captifs, pour la rançon de leur vie seu*» *lement, de la somme de dix-huit mille francs*, qu'ils n'avaient plus » de moyens ; car on leur avait ôté tous leurs bagues et joyaux, or, » argent et tous leurs meubles.

» Qu'ils amenèrent à Troyes huit des plus nobles et honorables bour» geois de la ville pour ôtages, et qu'incontinent que le château fut » rendu, les Troyens firent venir grande quantité de charrettes, et em» menèrent tous les plus riches meubles des habitants de Bar-sur-Seine.

» Que Dieu leur rende autant ! Ce fut sous le règne de Louis XI.»

Le duc de Bourgogne apprenant la ruine de son comté de Bar-sur-Seine, envoya une armée conduite par Archambaud, qui entra à Molême, abbaye appartenant au roi de France; mit le feu à beaucoup de maisons et essaya de brûler l'abbaye. Le seigneur de Grancey, qui l'était aussi de Larrey, fut prié de composer avec Archambaud pour 1,400 livres. Quelques jours après que la somme fut versée, les Bourguignons prirent Molême, enlevèrent *toute l'argenterie et autres principaux joyaux.*

La ruine de Bar-sur-Seine achevée, les troupes royales remplacèrent les Troyens ; alors le bailliage fut détruit et couvert de ruines : monastères, églises, tout fut pillé et rasé. Châtillon, Mussy, Ricey, enfin toute la marche de Bourgogne, n'étaient plus que ruines, car, après le pillage, l'incendie avait fait compte du reste. Mais il ne suffisait pas d'exterminer les populations : l'abbé Réglé, des Riceys, qui a laissé quelques renseignements, nous apprend que les forêts du seigneur de Ricey, qui était dévoué au duc, furent arrachées, et son château démoli. Si les historiens du temps eussent laissé, sur d'autres localités, des renseignements de ce genre, nous aurions sans doute à enregistrer les mêmes dévastations pour tous les seigneurs du bailliage, qui, en ce moment, étaient attachés au duc de Bourgogne.

Charles-le-Téméraire reprit Bar-sur-Seine aux armées royales : mais, bientôt battu par les Suisses et les Allemands, il périt misérablement devant Nancy; alors Louis XI entra en possession du pays de Bar-sur-Seine et d'une partie de la Bourgogne. Le comté de Bar-sur-seine fut désormais attaché à la couronne de France.

Le roi donna Bar-sur-Seine à Jacques de Dinteville, grand-veneur de France, à titre de comte usufructuaire, en récompense des services qu'il lui avait rendus. Ce comte administra le pays avec un jugement éclairé, et contribua de toutes ses forces à aider Bar-sur-Seine à se relever des ruines qui le couvraient. Nous avons de ce seigneur un règlement concernant les chanoines de Bar-sur-Seine, du 30 octobre 1478, que nous allons rapporter :

« C'est que nous Jacques de Dinteville, seigneur des Chanets (1) et de » Bar-sur-Seine, voulons et entendons être fait et besogné, afin de » mettre règle et ordonnance, tant sur le fait du divin service dû et ac- » coutumé de faire en la chapelle du Châtel dudit Bar-sur-Seine, que » sur le fait de la justice, tant ordinaire qu'extraordinaire, et de notre » domaine dudit Bar-sur-Seine.

» Et premièrement voulons être enjoint et commandé aux Chanoines » et Prébendiers de notre chapelle du Châtel de Bar-sur-Seine, et par » ces présentes leur enjoignons et commandons que dorénavant, et jus-

(1) Village situé près de l'emplacement où se trouvait Lansuine.

» qu'à ce que par nous et nos successeurs autrement en soit ordonné, ils » feront en leurs personnes ledit service qu'ils doivent et sont tenus de » faire en l'église paroissiale dudit Bar, en la manière qui s'ensuit :

» C'est à savoir que chacun jour ils sonneront ou feront sonner à tour, » et l'un après l'autre, par pauses et intervalles, suffisamment, à l'heure » du point du jour, l'heure de matines, pendant lesquels pauses et » intervalles ils *conviendront tous à l'église paroissiale*, revêtus de leurs » surplis, et fournis de *leurs patromes*, fourrées *d'escuriaux et bordées* » *d'agneaux noirs*, pour icelles matines *dire et chanter par bonne pro-* » *lation* et distinction, ainsi qu'il est accoutumé de faire ès autres égli- » ses collégiales, et sans que l'un d'iceux puisse ou doive commencer à » simpuiser ou psalmodier, jusqu'à ce que l'autre ait fini et parachevé » le verset par lui commencé, et sans anticiper ou sincoper lesdits versets » ou psaumes, ainsi qu'ils ont accoutumé.

» *Item.* Que lesdits Chanoines et Prébendiers, garnis de leursdites pa- » tromes, comme dit est, sonneront ou feront sonner chacun jour, » l'heure de prime assez longuement, environ deux heures, ou une bonne » heure et demie, avant l'heure de leur messe ; et afin qu'on puisse » mettre et connaître aucune différence *entre matines et ladite heure de* » *prime* et de tierce, lesdits Chanoines et Prébendiers seront tenus *cli-* » *quoter ou faire cliquoter* trois coups, après que la cloche qu'ils auront » sonnée ou fait sonner ladite prime sera arrêtée, et incontinent et ce » fait, *diront et chanteront* icelle heure de prime par bonne prolation et » distinction, comme dit est, et sans aucun d'eux se promener par le » chœur ou dehors, ainsi qu'ils ont accoutumé.

» *Item.* Que ladite prime ainsi sonnée et chantée, comme dit est, iceux » Chanoines sonneront ou feront sonner l'heure de tierce assez longue- » ment, et que pour aucune connaissance d'icelle heure de tierce, et » différence entre les autres heures, ils cliquoteront ou feront cliquoter » six coups, après que la cloche qu'ils auront sonnée ou fait sonner la- » dite heure de tierce sera arrêtée, et ce fait, *diront et chanteront* ladite » tierce par la manière que dessus est dite.

» *Item.* Que ladite heure de tierce ainsi sonnée et chantée, comme dit » est, iceux Chanoines sonneront ou feront sonner chacun jour leur messe » ainsi qu'ils ont accoutumé, à deux cloches, l'une en branle et l'autre » cliquotée, réservé qu'ils feront plus de pauses entre les coups qu'ils » n'ont accoutumé, et icelle messe chacun jour *diront et chanteront* à » notes et à traits le plus dévotement qu'ils pourront.

» *Item.* Qu'environ l'heure de vêpres d'un chacun jour, iceux Cha- » noines sonneront ou feront sonner longuement l'heure de none, et que

» pendant que icelle heure sonnera, iceux Chanoines conviendront en » ladite église paroissiale, revêtus et fournis de leurs patromes, comme » dit est, pour icelle heure dire et chanter par la forme et manière que » les autres heures avant dites.

» *Item.* Qu'incontinent après ladite heure de none, ils sonneront après » l'heure de vêpres plus à loisir qu'ils n'ont accoutumé, et *diront et* » *chanteront* lesdites vêpres plus à trait qu'ils n'ont accoutumé.

» *Item.* Qu'entre le premier et dernier *benedicamus* d'icelles vêpres, » lesdits Chanoines sonnéront ou feront sonner chacun jour l'heure de » complies compétemment, et selon distance de temps qui occurera entre » le premier et dernier *benedicamus* d'icelles vêpres, et icelle ainsi son- » née sans discontinuation ou interruption, *diront et chanteront* à loisir » entièrement les salutations ou antiennes quotidiennes de Notre-Dame, » dues et accoutumées de dire et chanter chacun jour en ladite chapelle.

« *Item.* Et pour ce que de l'assensement des prieur et curé dudit Bar- » sur-Seine, a été accordé que lesdits Chanoines feront le divin service » par eux dû à cause de leur chanoinerie et prébende en l'ég ise parois- » siale dudit Bar-sur-Seine, jusqu'à ce que par nous ou nos successeurs » en soit autrement ordonné, et icelui Curé, à cause de sadite cure, doit » tous les jours de dimanches et de fêtes en notre Mère Sainte Eglise, avec » certains autres jours, les offices des Matines et Vêpres, avec et ensemble » les Vêpres des samedis de l'an, et des Vigiles d'icelles Fêtes comman- » dées, outre et par-dessus les autres charges qu'il doit.

» Afin d'éviter les noises et questions qui, à cause de priorité et posté- » riorité de premier de dire et chanter lesdites Matines et Vêpres, pour- » roient ci-après ensuivre, et que le divin service soit plus honorable- » ment fait, iceux chacun en ce cas, sans préjudice de contrevenir à » leurs fondations, et sans vouloir déroger au temps à venir, seront quittes » et déchargés de dire et chanter lesdits offices de Matines et Vêpres à iceux » jours de Dimanches et des Fêtes commandées en notre Mère Sainte » Eglise, ensemble les Vêpres desdits samedis et Vigiles d'icelles Fêtes, » pourvu que lesdits Chanoines seront tenus auxdits jours de Dimanches et » des Fêtes commandées, de samedis et de Vigiles veilles d'icelles Fêtes et » autres jours, comme les jours du *grand Mardi*, Mercredi et Jeudi saints, » à l'heure du premier coup des Vêpres ou des Ténèbres d'iceux jours, » de convenir en l'Eglise paroissiale dudit Bar-sur-Seine, revêtus et » fournis de leurs patromes, comme dessus, pour, entre le premier et » dernier coup desdites Vêpres, dire et chanter l'heure de none, et icelle » chantée demeureront revêtus et garnis, comme dit est, jusqu'à ce que » Vêpres et Complies soient dites et chantées ; et semblablement seront

» tenus de comparoir entre le second et dernier coup de Matines desdits » Dimanches et Fêtes commandées, auxquelles Matines ils assisteront, » icelles aideront à dire et chanter, sans qu'ils s'en puissent départir ni » aller, s'ils n'ont juste cause et loyale cause.

» *Item.* Et qu'après que lesdits Chanoines auront ainsi assisté à Vê» pres et Complies de la paroisse d'iceux jours de veilles de Fêtes et de » Dimanches, et qu'icelles seront dites et chantées, comme dit est, iceux » Chanoines diront et chanteront les antiennes ou salutations quoti» diennes de Notre-Dame, accoutumées de chanter chacun jour à la fin » des Complies en icelle Chapelle.

» *Item.* Et pour ce que le Curé de Bar-sur-Seine souventes fois, ès » jours avant dits, ne dit ou chante aucunes Complies, mais au lieu » d'icelles, dit ou chante Vigiles des morts, en ce cas, lesdits Chanoi» nes ne seront tenus de demeurer ni assister auxdites Vigiles, si bon » leur semble, mais incontinent après la fin d'icelles Vigiles, seront te» nus de sonner ou faire sonner l'heure de Complies, et icelle ainsi son» née, diront et chanteront comme dessus est dit avec l'antienne quoti» dienne.

» *Item.* Que lesdits Chanoines *chanteront et célébreront* les anniver» saires *et obits des feus Comtes de Bar-sur-Seine*, et de leurs parents » et amis, ès jours qui sont *assignés et enregistrés en leurs chartulaires*, » sans y faire faute.

» *Item.* Que lesdits Chanoines seront tenus de convertir et employer au » luminaire de ladite Chapelle la quantité de quinze livres de cire qu'ils » ont coutume de prendre chacun an sur la recette dudit Bar-sur-Seine, » et desdits convertissement et emploiement seront tenus de faire ap» paroir par certification de l'ouvrier que icelle aura ouvrée par cha» cun an.

» *Item.* Afin d'éviter le murmure et rebouter le langage dont iceux » Chanoines ont accoutumé d'user, en disant qu'ils n'ont été et ne sont » salariés de ce qui leur est dû pour leur fondation, à cause de leurs» dites Chanoineries, non content ou ayant regard au salaire et rétri» bution des biens éternels, qui est rétribution universelle, et que do» rénavant, selon le pied et tête de leursdites fondations, ils soient » stipendiés et salariés, iceux Chanoines seront tenus et adstreints par » ceux qu'il nous plaira commettre, d'exhiber et de mettre entre leurs » mains leurs titres de fondation, afin d'iceux voir et visiter, pour au » surplus y ordonner et apporter remède comme de raison.

» *Item.* Sera prins garde à ce que les Prieur et Curé dudit Bar-sur» Seine fassent duement les services et charges qu'ils sont tenus de faire

» à cause de leurs bénéfices, et en cas de refus ou délais, d'empêcher ce » qu'ils ont accoutumé de prendre sur la recette dudit Bar-sur-Seine.

» *Item.* Et parce qu'en l'Eglise paroissiale dudit Bar il y a plusieurs » Chapelles et patroneries, et que les possesseurs d'icelles ne s'acquittent » en aucune manière, ou très-mal, de faire ou faire faire le divin service » dû et fondé en icelle, en défendant les fondateurs et dotateurs d'icelles, » en contrevenant à leur bonne et louable volonté, les détenteurs d'icelles » Chapelles seront tenus de faire apparoir chacun en droit soi du titre ou » fondation d'icelles Chapelles et patroneries.

» *Item.* Sera prins garde si les Maîtres et Religieux de l'Hôtel-Dieu » de Bar-sur-Seine s'acquittent en la distribution de pidance ordonnée » et députée pour les pauvres pélerins passant leur chemin, et en cas de » défaut d'empêcher ce qu'ils perçoivent sur la recette de Bar-sur-Seine.

» *Item.* Nous voulons et ordonnons que dorénavant ne soit prins que » douze deniers pour livre du droit des vins des fermes, sur peine de » le recouvrer sur ceux qui l'auront exigé, et de l'amende arbitrale » envers nous.

» *Item.* Voulons que nos rivières soient vendues et délivrées au plus » offrant et dernier enchérisseur.

» Si donnons en mandement par ces présentes à tous les Officiers du- » dit Bar-sur-Seine, à chacun ainsi qu'il appartiendra, qu'ils gardent » et observent, fassent garder et observer par les aucuns, sans infrac- » tion, les choses ci-dessus écrites, sans y faire faute : fait sous notre » seing manuel, émis le dernier jour d'octobre, l'an 1478. Ainsi *signé :* » J. de Dinteville. »

Et plus bas est écrit : Reçu le dixième novembre, l'an 1478, ès présence des Avocat, Procureur et Receveur dudit Bar. *Signé :* N. Cheflé, P. Vinot (1).

Messire Jacques de Dinteville mourut en 1506. François Ier donna Bar-sur-Seine à messire Louis de Bourbon, duc de Montpensier. La ville commença à se rétablir (2), et les juridictions à se réformer. Ce prince fit travailler avec beaucoup d'activité à l'église paroissiale de St-Etienne, que Jacques de Dinteville avait commencée, ainsi qu'aux nouvelles murailles qu'on élevait autour de la ville. A la mort de Louis de Bourbon, Bar-sur-Seine revint à Anne-Marie-Louise d'Orléans, duchesse de Montpensier. Jeanne d'Orléans acheta Bar-sur-Seine, qui lui fut retirée contre la remise de ce qu'elle l'avait achetée.

(1) ROUGET, p. 195.

(2) Voyez *Chronique des Evêques de Langres.*

La châtellenie de Bar-sur-Seine fut réunie au domaine par arrêt du Parlement de Paris, le 5 mars 1532. Là s'arrête la liste des comtes ou seigneurs qui possédèrent cette ville, soit à titre d'hérédité, soit comme usufructuaires.

Ce fut à cette époque qu'on établit à Bar-sur-Seine une maîtrise des eaux et forêts.

CHAPITRE XIII.

GUERRES DE RELIGION.

(1550 à 1600.)

Les doctrines de Luther et de Calvin, alors naissantes, se glissaient sourdement dans le diocèse de Langres. Les premiers prosélytes de cette religion furent livrés au supplice : on venait de brûler à Langres, sur la place du Marché, deux hérétiques, et de pendre huit autres de ces malheureux ; mais cette persécution ne fit qu'en accroître le nombre. Carraciole, évêque de Troyes, avait été un des premiers à prêcher la réforme ; malgré les bûchers et les échafauds dressés dans son diocèse, les Calvinistes s'y montraient partout. Une grange de la Corterie-aux-Chevaux leur servit d'abord de temple à Troyes ; ils en eurent bientôt deux autres, l'un sur la paroisse de St-Remy, l'autre sur celle de Ste-Madeleine. Le comte d'Eu voulut arrêter l'effervescence des religionnaires, il ne parvint qu'à l'exalter. L'évêque Carraciole abjura publiquement devant lui. Les temples furent rouverts presque aussitôt que fermés. Les Catholiques et les Calvinistes se menaçaient, se dénonçaient mutuellement ; le comte d'Eu soutenait les uns, le prince de Condé protégeait les autres. Malgré la liberté des cultes, proclamée par deux édits de la régente, à Troyes comme en d'autres villes, ils s'attaquèrent et se livrèrent à des excès également déplorables. A Sens, les Catholiques attendirent les Calvinistes au moment où ils sortaient de leur prêche, les égorgèrent au nombre de cent et jetèrent leurs corps sanglants dans l'Yonne. Ce massacre eut lieu en 1562, en même temps que celui de Vassy, devenu plus mémorable, parce qu'il fut la première étincelle de la guerre civile. Le duc François de Guise se rendait dans la principauté de Joinville pour y arrêter la contagion ; « passant par Vassy, ses gens » prennent querelle avec les Huguenots assemblés au prêche dans une » grange voisine de l'église où le duc entendait la messe. On en vient aux » mains : le duc accourt pour apaiser le tumulte, il est blessé d'un coup de » pierre au visage ; ses gens, furieux de sa blessure, se jettent sur les » Calvinistes, en tuent une vingtaine et en blessent un plus grand nom-

» bre. » Tel est le récit, fait par les Catholiques (1), de l'évènement qui préludait à la St-Barthélemy, qui mit en feu toute la France.

Quelque temps avant ce massacre, plusieurs habitants de Bar-sur-Seine (2) demandèrent à Troyes qu'on leur envoyât un ministre. Ce fut un nommé Léonard Morel qui, arrivant de Genève, y prêcha le premier la religion réformée ; il y fut remplacé, le 25 janvier 1562, par le ministre de Vassy. Ce dernier n'était venu à Bar-sur-Seine qu'en attendant que celui qu'on destinait pour cette ville fût arrivé.. Les Calvinistes de Vassy envoyèrent à Troyes, puis à Bar-sur-Seine, prier leur pasteur de retourner parmi eux, disant que l'évêque de Châlons venait d'envoyer chez eux un moine éloquent, pour prêcher le carême. Les Calvinistes de Bar-sur-Seine (3) s'y opposèrent, parce qu'on leur avait promis ce ministre pour un temps qui n'était point encore expiré ; ils consentirent néanmoins qu'il y allât quelques jours, à la condition qu'il reviendrait immédiatement. Il quitta Bar-sur-Seine le 20 février, et le 1er mars le massacre eut lieu.

A la nouvelle du massacre de Vassy, les religionnaires coururent de tous côtés aux armes ; ceux de Troyes, épouvantés par le traitement que les Catholiques avaient fait subir à leurs frères, étaient déjà préparés, sinon à se venger, du moins à se défendre. Ils se rendirent maîtres de la ville, et le duc de Nevers ne parvint qu'avec grand'peine à y rentrer. Bientôt les violences auxquelles on se livra contre eux les forcèrent à s'expatrier ; ils fuirent avec leurs femmes et leurs enfants, et se dirigèrent sur Bar-sur-Seine ; ils demandèrent qu'on leur livrât l'entrée de la ville; mais les habitants, qui jusqu'alors étaient restés étrangers aux progrès de la réforme, refusèrent d'obtempérer à la demande des Calvinistes. Un évènement déplorable se passait en ce moment à l'intérieur de la ville: le fils d'un des plus notables habitants de Bar-sur-Seine avait abjuré sa foi pour se faire protestant, et avait montré quelque satisfaction à l'approche de ses coréligionnaires ; son père, nommé Rallet, procureur de Bar-sur-Seine, lui intima l'ordre de rentrer dans la foi catholique. Rien ne put l'ébranler, la potence ne le fit point changer de conviction. Alors on vit le père dénaturé de ce malheureux assister au supplice de son fils, tandis que par sa position il pouvait empêcher cette épouvantable exécution. Vignier dit : « Ce jeune homme était rempli d'espérance, mais hérétique obstiné. »

(1) *Ephém. politiques et religieuses*, 1er mars 1562, t. I, liv. 4.

(2) Extrait d'un manuscrit de Vassy.

(3) Ce qui est en opposition avec Vignier; cet historien dit qu'il n'y avait pas de Huguenots à Bar-sur-Seine.

Les Huguenots n'ayant pu obtenir ce qu'ils réclamaient des habitants de Bar-sur-Seine, décidèrent d'y entrer de vive force, et commencèrent l'attaque. Avant la nuit ils étaient maîtres de la ville : à peine y furent-ils introduits, qu'ils eurent connaissance de l'exécution de leur frère ; ils se portèrent immédiatement chez le père de la victime, et le pendirent aux barreaux d'une fenêtre de sa maison.

Les Troyens, au nombre de 4,000, qui suivaient de près les protestants, arrivèrent bientôt devant les murs de Bar-sur-Seine. Un combat sanglant s'engagea alors entre les habitants et les Huguenots à l'intérieur, tandis qu'à l'extérieur les Troyens donnaient l'assaut et pénétraient de vive force dans la place. Ce fut un carnage affreux : les malheureux Calvinistes, femmes, enfants, vieillards, furent égorgés sans pitié (1) ; douze seulement furent faits prisonniers. On les conduisit à Troyes. L'un d'eux, Pierre Clément, seigneur de Poully, fut aussitôt condamné à être pendu ; deux prêtres au pied de la potence essayèrent en vain de le faire abjurer, il resta fidèle à sa foi ; alors la populace délia la corde qui l'attachait, brûla la plante de ses pieds, lui coupa le nez, lui arracha les yeux, et après cet épouvantable supplice, on le jeta par-dessus le pont dans la rivière. Le reste des malheureux prisonniers subirent le même sort.

L'année suivante, le duc de Guise poursuivit les Huguenots, qui parvinrent, comme les premiers, à s'emparer de Bar-sur-Seine ; le duc reprit bientôt la ville et fit un épouvantable massacre de ces malheureux. Cependant une partie des religionnaires parvinrent à s'échapper par la porte de Châtillon, et suivirent la vallée des Riceys, qui eut à souffrir de leur passage ; ils se portèrent ensuite sur Molême, égorgèrent les moines (2), et détruisirent la nouvelle église de ce monastère, que faisait bâtir M. de Vienne, évêque de Châlons. Ce dernier en tomba malade de chagrin et mourut quelques jours après. Les Huguenots furent atteints et défaits, mais ceux qui s'échappèrent rejoignirent un corps de Calvinistes commandé par Mongonnery, puis celui de l'amiral Coligny, qui se trouvait à Tanlay. Quelques jours après, les Riceys, Bagneux et beaucoup d'autres pays recevaient ces importuns visiteurs.

Les scènes de massacre ou d'échafaud, qui se renouvelaient chaque jour, forment toute l'histoire de cette époque fatale. Il faudrait des volumes pour les retracer fidèlement. La ville de Bar-sur-Seine, prise, reprise et

(1) *Histoire de Champagne*, p. 306.

(2) Un manuscrit de Molême, aux archives de Dijon, constate ce fait dans un procès que les moines avaient avec le seigneur de Ricey.

saccagée, fut l'arène la plus sanglante où les deux partis se mesurèrent (1).

Lorsque la nouvelle du massacre de la St-Barthélemy parvint à Troyes, les protestants songèrent aussitôt à s'expatrier ; mais on les renferma dans la ville ; on les barricada dans leurs maisons, et une foule d'entre eux furent tour à tour égorgés ou livrés à des supplices dont les détails feraient horreur. Ce n'était pas assez : cinq jours après, Anne de Vaudrey, bailli de la ville, ordonna d'ouvrir une tranchée sous les murs de la prison, afin que le sang des prisonniers qu'il se disposait à faire égorger pût s'écouler dans l'intérieur sans être vu au dehors. A cet ordre, la garde des prisonniers recule épouvantée; le bourreau lui-même refuse de prêter ses mains à cette exécution. Les premiers sicaires qu'on envoya revinrent désarmés par la crainte, il fallut du vin et de l'or pour exciter leur fanatisme, et quand ils furent ivres, ils se jetèrent sur les protestants, les tuèrent à coups de hallebarde et les jetèrent pêle-mêle, morts ou vivants, dans une grande fosse. Il en est qui, durant trois jours, ne cessèrent de s'agiter parmi les cadavres.

Bar-sur-Seine n'eut à déplorer la perte d'aucun de ses habitants lors de la Saint-Barthélemy, parce qu'il s'y trouvait peu de Huguenots. Nicolas Vignier, fils de Guy Vignier, avocat du Roi à Bar-sur-Seine, qui devint plus tard historiographe de France, eut le temps d'échapper, en s'enfuyant en Allemagne. En général, la Bourgogne souffrit peu des ordonnances de Charles IX. Le président Jannin et le général Eléonor Chabot préservèrent ce pays du massacre de la Saint-Barthélemy. Malheureusement, ces gens dévoués à l'humanité se rencontrèrent peu à cette époque. Dans une autre contrée, le baron d'Orthe, gouverneur de Bayonne, répondait au Roi : « Sire, j'ai communiqué le commandement de Votre Majesté à ses fidèles habitants et gens de guerre de la garnison ; je n'y ai trouvé que de bons citoyens et braves soldats, mais pas un bourreau : c'est pourquoi eux et moi prions très-humblement V. M. de vouloir bien employer nos bras et nos vies en choses faisables. »

Dès la première année du règne de Henri III, la guerre civile se ralluma. Le prince de Condé et le roi de Navarre, devenus les chefs du parti protestant, se réunirent sur les frontières de la Champagne et de la Bourgogne, et furent bientôt rejoints par un corps de reîtres. L'arrivée de cette armée d'Allemands fut une calamité pour la province : ils brûlèrent une foule de villages des environs de Troyes et de Bar-sur-Seine; au nombre de ces malheureux pays se trouvent le village de Celles, qui fut incendié, Mussy, Polisy, Polisot, Landreville et Essoyes, qui furent tous pillés. Bar-sur-Seine eut aussi à souffrir de ce passage d'Allemands, principalement du régiment persan.

(1) DEMONTROL.

Le roi de Navarre, à la tête d'un corps d'armée (1), occupait les villages de Gyé, Neuville, Courteron, Landreville et Essoyes. Les habitants de ces localités embrassèrent la religion réformée, malgré les terribles évènements qui venaient de se passer ; bientôt Gyé et Neuville eurent leur temple (2), et le ministre Jean Gravier, de Gyé, allait de village en village endoctriner et former les habitants à la religion réformée ; il amena ceux de Buncey à embrasser ces croyances et à se bâtir un temple (3).

La Ligue venait de se former, une grande partie des villes de Champagne et de Bourgogne se rangèrent de ce parti ; Bar-sur-Seine, Châtillon et Mussy se prononcèrent. De là date cette époque de malheurs qui ruinèrent la contrée dont nous retraçons l'histoire ; la Bourgogne fut bientôt en proie à toutes les horreurs de la guerre civile, envenimée par le fanatisme des passions religieuses. Un autre fléau vint ajouter encore à toutes ces calamités, la peste sévit avec fureur dans cette contrée ; Bar-sur-Seine vit sa population décimée sous les atteintes du mal ; et bientôt tout le comté en fut attaqué.

Bar-sur-Seine et tout le pays compris entre Châtillon tombèrent, après le départ des Huguenots, au pouvoir d'Antoine de Grillon, baron de Thenisey, seigneur de Maisey, maître de camp d'un régiment de gens de pied placé par Mayenne pour surveiller les royalistes. Bar-sur-Seine était partagée entre les royalistes et les ligueurs ; tout le pays compris entre Bar-sur-Seine et Mussy était royaliste, et Châtillon entièrement à la Ligue ; les bourgs et les villages qui n'embrassaient pas d'eux-mêmes le parti de la ville voisine, y étaient contraints par la force. Les Etats-Généraux avaient arrêté : « qu'il se ferait, en chaque province, une levée de deniers pour le salaire des députés, à raison de 15 livres par jour par chaque député (4). » Les Etats-Provinciaux de Bourgogne refusèrent cette levée de deniers. Jean de Tavannes, lieutenant-général de la province de Bourgogne pour la Ligue, leur ayant représenté qu'ils allaient attirer par là l'ennemi dans le pays, ils répondirent que, si l'ennemi venait, ils ne se défendraient pas, et que, par ce moyen, leurs ennemis deviendraient leurs amis ; qu'ils voulaient la paix. Les ligueurs virent bien que ceux qu'ils contraignaient par la force étaient sur le point de leur échapper.

(1) Parmi cette réunion de gens d'armes était le régiment de Navarre, ce qui fut cause que les habitants de la vallée de Gyé, Neuville et Courteron sont encore appelés Navarrais. Il est à remarquer que parmi les noms de famille de ces contrées figurent beaucoup de noms de Navarre.

(2) On voit encore à Gyé quelques restes de ce temple.

(3) Lapérouse, *Histoire de Châtillon*.

(4) *Recueil des Etats*, par M. Bernard.

Le maréchal d'Aumont marchait sur la Bourgogne ; plusieurs villes étaient déjà tombées en son pouvoir ; il se présenta aux portes de Bar-sur-Seine. Presque pris à l'improviste, les habitants décidèrent qu'il était prudent de livrer le passage au maréchal : effectivement, les portes lui furent ouvertes, et, après y avoir séjourné, il prit la direction de Châtillon et s'arrêta à Polisy, où il campa quelques jours. Mussy tomba en son pouvoir ; mais il échoua à Châtillon. Malgré le courage du maréchal et des siens, il fallut rétrograder, et bientôt Bar-sur-Seine rentrait au pouvoir de la Ligue, mais cette fois avec une garnison.

Le maréchal Duplessis-Praslin s'était approché de Bar afin de s'en emparer et de livrer la ville au roi ; il entama plusieurs négociations qui échouèrent toutes, alors il résolut d'en faire le siège. Les habitants connaissaient la bravoure du maréchal, mais ils comptaient que la longueur du siège et leur défense permettraient toujours d'obtenir une capitulation honorable.

Il y avait déjà un mois que les habitants et la garnison étaient sur le qui vive, lorsqu'ils apprirent que le maréchal se mariait à Polisy ; alors ce fut un jour de fête. Présumant que M. de Praslin ne viendrait pas attaquer la ville ce jour là, chacun se livra au plaisir dans la plus grande sécurité ; on négligea même la garde des portes.

A peine la nuit commençait, que plusieurs corps de gens d'armes se mirent en mouvement et allèrent s'embusquer dans les nombreux ravins qui avoisinent Bar-sur-Seine. A minuit, M. de Praslin, prétextant une indisposition, quitta les conviés et se rendit entre les villages de Polisy et de Polisot, où le reste de ses gens l'attendaient ; après avoir fait une prière (1), il se mit à la tête de sa troupe et arriva bientôt sous les murs de Bar-sur-Seine, et, après avoir donné ses ordres, l'attaque commença sur trois points : un corps de Troyens attaqua la porte de Troyes, un autre détachement escalada les murs du côté de la porte de Châtillon, tandis que le maréchal s'élançait au château. Pris à l'improviste, les habitants se défendirent mollement, et bientôt la ville et le château tombèrent au pouvoir du maréchal Duplessis-Praslin ; cette fois tout fut pillé et saccagé. Les Troyens faisant partie de cette expédition restèrent six mois dans la ville à discrétion ; leur conduite envers les habitants laissa voir qu'ils n'avaient rien perdu de la vieille rancune de leurs devanciers contre les habitants de Bar-sur-Seine.

M. de Praslin remit la ville au roi. Les ligueurs approchaient encore de ce pays, et tout annonçait que cette cité allait encore avoir à subir un siège. Charles de Lorraine, à qui Mayenne avait laissé le commandement de

(1) A l'endroit où ceci se passa, on voit aujourd'hui une croix de pierre sur laquelle le maréchal est représenté à genoux.

l'armée de la Ligue en Bourgogne, se présenta bientôt devant Bar-sur-Seine. L'armée du duc de Guise cerna tous les aboutissants de cette place, et force fut bientôt aux habitants de demander à capituler : il leur fallut compter 8000 écus. A peine les assiégeants furent-ils nantis de cette somme, que la ville fut livrée au pillage et saccagée en un instant. Bar-sur-Seine ne se releva de longtemps de ce dernier désastre.

L'armée royale, commandée par Biron, approchait du côté de Troyes, de l'autre côté, les ligueurs occupaient les environs de Châtillon. Les habitants de Bar-sur-Seine, prévoyant encore quelque catastrophe, se portèrent en masse sur leurs forteresses, cause de leurs malheurs, et en commencèrent la démolition; en quelques jours l'ancienne demeure des comtes de Bar-sur-Seine fut anéantie. Ils implorèrent le pardon du roi, qui le leur accorda, et ils furent maintenus et conservés dans tous leurs priviléges; il leur en fut même accordé de nouveaux.

Nous extrayons quelques passages de la réponse du roi au pardon imploré par les habitants :

« Par les articles des très-humbles remontrances qui nous ont été pré-
» sentées par nos chers et bien-amés les habitans de notre ville de Bar-
» sur-Seine, outre le louable rapport qui nous a été fait *souventes fois*
» *par le feu sieur De Grandmont, leur gouverneur*, nous avons été due-
» ment et suffisamment informé de la fidélité et affectionnée obéissance que
» lesdits habitans rendent à nos commandemens et services, etc. »

Puis il dit : « Qu'il permet auxdits habitans de jouir et user pleinement
» et paisiblement, tant en ce qui concerne l'exercice de la religion, con-
» formément à l'édit de 1577, et maintient toutes les franchises, comme
» aussi *la décharge*, rémission et oubliance de tout ce qui a été fait par
» lesdits habitans durant les troubles. »

Et, en parlant du prieuré et de l'église de M. Saint-Georges, qui jadis étaient placés dans le château, et de la fondation d'un collège, le roi dit :

« *La réserve par nous accordée d'une chanoinie* et prébende en l'église
» collégiale de ladite ville, pour être à l'avenir affectée à *l'entretienment*
» d'un précepteur de la jeunesse de ladite ville et lieux circonvoisins. »

Les habitants, dans un passage de la prière qu'ils adressent au roi, s'expriment ainsi :

« Suppliant humblement votre majesté ne se ressouvenir de tout ce
» qui s'est passé en ladite ville, depuis ses guerres, pour être le tout
» advenu par une fatalité, force et violence, plutôt que par consentement
» desdits supplians et mauvaise volonté de s'opposer à votre autorité.

» Et partant, que ce qu'ils ont fait pour la défense et *tuition* de ladite
» ville, tant en fortifications, fonte d'artillerie, façon de salpêtre, pou-

» dre, achat de boulets, levée de deniers, cotisations de corvées, soit en » personnes ou argent, entreprises sur places publiques et particulières, » démolitions de maisons ou bâtimens publics et particuliers, prises d'ar- » mes, et tous actes d'hostilité advenus depuis ces présens troubles, » demeureront pour jamais assoupis, éteints et abolis, sans qu'on en » puisse à l'avenir faire aucune recherche et poursuite contre le général » ou particulier desdits habitans, en quelque sorte et manière que ce soit »

Nous voudrions pouvoir reproduire en entier tout le contenu de cette demande, mais il serait trop long de la consigner ici, nous en faisons seulement une analyse. Les habitants disent qu'il n'y a pas de ville qui eut autant à souffrir que la leur, ayant *éprouvé* à l'extrémité toutes les rigueurs de la guerre; que lors de sa prise par M. de Praslin, les maisons furent pillées et saccagées, ce qui dura six mois; enfin, qu'il ne restait plus rien auxdits habitants; qu'ensuite M. de Guise prit encore la ville, et que les habitants furent obligés d'emprunter à intérêt de tous côtés pour réunir la somme énorme de 8000 écus que le duc de Guise exigeait par capitulation.

Après que le maréchal de Biron eut repris Bar-sur-Seine pour le Roi, il logea pendant un mois ses soldats dans les villages aux alentours de Bar; ils enlevèrent les grains, les bestiaux et les meubles aux malheureux habitants des ces pays, qui se trouvèrent dans le plus affreux dénûment.

Le maréchal de Biron passa à Bar-sur-Seine au mois de février 1595; une trève de quatre ans fut accordée aux Ligueurs de ces contrées, et comprenait les villes de Mussy, Châtillon, etc. L'exécution de cette trève fut jurée entre les mains du sire de Dinteville, fils de l'ancien comte de Bar-sur-Seine, au château de Dinteville, le 8 avril 1595.

Biron signalait au Roi que la Bourgogne n'attendait qu'une occasion pour se jeter dans ses bras, et que sa présence ne manquerait pas d'entraîner les populations. Sur cet avis, le Roi partit le 24 mai 1595, le 30 il fut à Troyes, et le 2 juin il passa à Bar-sur-Seine, et alla coucher au château de Larrey; le 5 juin il remporta la bataille de Fontaine-Française. On remarquait aux côtés du Roi le sire de Ricey, qui se distingua par sa bravoure. Le 6 juillet, la belle Gabrielle d'Estrée, qui se rendait à Dijon, auprès du Roi, avec une brillante escorte de gentilshommes de la Cour, passa à Bar-sur-Seine, et le 13 octobre de la même année, le maréchal de Villeroy séjourna en cette ville.

En 1596, le sire de Longueville s'empara de nouveau de Molême. Artonnay ayant voulu résister, fut pris de vive force; 80 personnes furent tuées, 60 maisons brûlées, le reste pillé, et son château ruiné. Les gens du sire de Longueville faisaient des excursions jusqu'aux environs de Bar-sur-Seine, afin de piller les habitants. Une famine effrayante suivit ces ravages; plusieurs personnes moururent de faim.

Vers la fin de l'année 1595, toutes les villes de Bourgogne reconnaissaient Henri IV pour souverain : le calme se rétablit; Bar-sur-Seine se releva un peu de ses ruines, mais tous les ravages qui venaient de se succéder en un demi-siècle ne permirent pas à cette ville de recouvrer son ancienne splendeur. Par lettres-patentes du Roi, enregistrées au Parlement le 17 janvier 1600, il fut établi un Collége en cette ville.

CHAPITRE XIV.

Henri IV « le seul prince dont le peuple ait gardé la mémoire » venait de tomber sous le couteau de Ravaillac. Marie de Médicis fut nommée régente du royaume. Les liaisons de la cour d'Espagne avec la régente réveillèrent les alarmes des calvinistes, et l'insolente faveur de Concini, mieux connu sous le nom de maréchal d'Ancre, leur fit trouver des chefs tout prêts à s'insurger. Les ducs de Bouillon, de Rohan, de Vendôme, de Mayenne, de Longueville, de Guise, de Nevers, et le prince de Condé se mirent à la tête de cette levée de boucliers. Le prince de Condé occupait Vendeuvre et Brienne, où il fut rejoint par le duc de Luxembourg, entré dans la Ligue depuis peu. Le prince de Condé laissa le duc dans les deux villes qu'il venait d'occuper, et marcha sur Bar-sur-Seine, où il resta quatre à cinq jours. Les villages de Juilly, Ville-sur-Arce, puis Polisy et Polisot furent encombrés par les troupes du duc. Il partit de là dans la direction de Sens, et fut remplacé à Bar-sur-Seine par le duc de Nevers, qui évacua lui-même promptement cette ville à cause de l'approche de l'armée royale. Bar-sur-Seine ne pouvait plus soutenir de siége, son château avait été démoli, et ses murailles, détruites pendant les guerres de la Ligue, n'étaient point encore relevées, en conséquence Bar-sur-Seine se trouvait ville ouverte. Cette échauffourée fut bientôt apaisée, chacun des chefs de cette rébellion fit sa soumission et implora son pardon.

Le gouvernement de Marie de Médicis et celui de Richelieu donnèrent à la Champagne plusieurs prétextes à de nouvelles révoltes, mais dont les résultats n'amenèrent que des évènements secondaires. Les guerres de la France avec l'Allemagne lui furent bien plus funestes. En 1614, le duc de Saxe-Weymar, à la tête de ses Suédois, cantonna dans le Bassigny; ils se portèrent sur Chaumont, où ils voulurent pénétrer. On y mit à mort leurs parlementaires, et ils n'osèrent tirer vengeance de cet affront, mais ils se jetèrent sur les bourgs et villages voisins qu'ils incendièrent.

Pendant ce temps, les impériaux parcouraient tous les pays du diocèse de Langres; Champlis, Andelot, Coublanc, Fays-Billot, furent ruinés, et pour la plupart livrés aux flammes; Bourbonne ne se racheta du pillage qu'à prix d'argent; Coiffy fut presque détruit, et son curé égorgé au milieu des habitants.

D'un autre côté, Laignes, Villedieu, Molème, Ricey, Polisy, Celles, Bussières, Essoyes, Landreville, Mores, Villeneuve, etc., étaient occupés par les Allemands, qui commirent de grands ravages dans tous ces pays. Un manuscrit des archives de Dijon (1) nous apprend que le régiment de Fittingot, allemand cantonné aux Riceys (2), détruisit la chapelle et le prieuré dit *Moustier-saint-Jean*, situé à Ricey-le-Bas. Les églises du bailliage furent en partie dévastées; ce qui peut fixer l'archéologue sur le peu d'ornements anciens que possèdent ces églises, et ce qui empêcha l'achèvement de presque tous les édifices de l'arrondissement, commencés dans le goût élégant du 16e siècle, un peu avant l'époque de transition entre l'ogival et la renaissance; ils furent continués dans ce style coquet, puis, malheureusement, pour la plupart achevés ou réparés avec la lourde architecture des règnes de Louis XIII et de Louis XIV.

Le régiment Persan occupait Bar-sur-Seine, et ne quitta cette ville qu'à l'arrivée du connétable de Montmorency, qui y séjourna, et partit de là sur Mussy, où il trouva une députation de la ville de Châtillon, qui venait à sa rencontre. Cette fois le pays fut débarrassé de la présence de l'étranger, la paix, depuis si longtemps attendue, vint apporter ses bienfaits aux habitants de ces contrées. Le grand règne de Louis XIV assurait à la France de meilleurs jours, Bar-sur-Seine relevait ses murailles encore une fois, mais ce n'étaient plus les sièges qui devaient les détruire, la paix et la chute de la féodalité devaient les faire tomber d'elles-mêmes. Les portes de Bar-sur-Seine, bâties après ces guerres, portent encore les marques du fer étranger; consignons-le vite, car bientôt tout aura disparu (3) : on voit encore sur ces murailles, bâties sous un grand Roi, l'empreinte de la chute d'un grand Empereur (4).

(1) Inventaire de Moustier-Saint-Jean.

(2) Nous constaterons, à ce sujet, qu'il est très-commun de trouver, dans les vignes de ce pays, une quantité de pièces allemandes, principalement une petite pièce en argent mal frappée, à l'effigie de Charles-Quint, qui, comme on le sait, était empereur d'Allemagne et roi d'Espagne.

(3) Bar-sur-Seine avait trois portes, deux ont disparu depuis peu, celle de Châtillon seulement est intacte.

(4) Plusieurs boulets de 1815 y laissent voir leur empreinte.

Pendant les évènements que nous venons de raconter, Sébastien Zamès, évêque de Langres, fondait à Bar-sur-Seine un couvent d'Ursulines sous l'invocation de saint Augustin. Cette fondation eut lieu à la suite d'une interdiction lancée par l'évêque sur le couvent et l'église de la communauté d'ursulines de Châtillon, à cause des dérèglements de l'abbesse du monastère; en ayant obtenu la réforme, il fonda six nouvelles maisons de cet ordre, savoir : celles de Tonnerre, Bar-sur-Seine, Troyes, Noyers, Epernay et Mussy.

Voici ce que nous apprend, à ce sujet, M. Lapérouse dans son *Histoire de Châtillon :* « L'évêque, avant de lancer l'interdit, fit faire une enquête nécessitée par les dérèglements et les violences de Rose Le Bourgeois. « Madame l'abbesse, y est-il dit, sous quelques apparences de piété, vi- » voit le plus licencieusement, et avec débord secret, avec quelques-unes » de ses religieuses; et, pour cet effet, introduisoit toute sorte de per- » sonnes dans l'abbaye, à qui elle faisoit festin et donnoit le bal. Et à ces » personnes-là, donnoit les clefs de la maison pour y entrer nuitam- » ment; et afin de n'être point vu, il y avait dans la chambre une trappe, » au moyen de quoi l'on pût entrer sans être vu de personne, ce qui » dura plus de huit ans; ces hommes ne manquoient pas de venir et en- » troient par ladite trappe; et par ce moyen, hasardoit et prostituoit ses » religieuses; car, ayant été rencontrées par la ville, il y a eu des jeunes » hommes qui les ont courues. Et lorsque ces hommes ne voulaient venir » chez elle, elle les alloit trouver et faisoit porter son souper en leur » maison, leur donnoit quantité de meubles et les nourrissoit, cependant » que les religieuses mouroient de faim; et lorsqu'elles remontroient » humblement leurs nécessités à la mère abbesse, elle les traitoit avec » tant de rudesse, tant de la main que d'injures, qu'elles étoient con- » traintes de se taire et de souffrir des cruautés qui ne se peuvent ima- » giner.......... » Les nouvelles religieuses destinées pour le monastère réformé arrivèrent dans les carrosses de la reine, et avec une escorte de ses officiers : il fallut ouvrir les portes au nom du Roi.

En 1631, les jésuites formèrent un établissement à Bar-sur-Seine.

L'année 1631 fut aussi désastreuse pour Bar-sur-Seine que les dernières guerres qui l'avaient ravagée: les suites d'un hiver long et rigoureux, suivi d'inondations, avaient amené un manque de récoltes dans une partie de la France; la Champagne et la Bourgogne étaient principalement frappées d'une épouvantable famine; puis la peste, qui avançait du Nord, se déclara à Bar-sur-Seine le 4 juillet. L'épidémie fit d'effrayants ravages; ce fut en vain qu'on invoqua Notre-Dame-du-Chêne, statuette miraculeuse très-vénérée dans le pays, le fléau ne cessa de prendre de l'extension. Chaque jour, tout le clergé, suivi d'un immense concours de population, allait processionnellement chercher la Sainte, qu'on apportait en grande cérémonie; lorsque la procession avait parcouru une partie des rues de la ville, on allait à l'église, où on l'exposait; puis on la reportait, avec le même cérémonial, à la Chapelle située dans un bois, sur l'éminence d'une colline qui domine la ville. Il ne reste, sur cette Chapelle, que des traditions; on ne connaît point l'époque précise de sa fondation première. On peut cependant fixer l'époque de la construction de la Chapelle que nous voyons aujourd'hui; elle remonte au commencement du 16e siècle (1).

Voici la tradition qui a le plus de crédit parmi la population : on raconte que des bergers trouvèrent une statuette de la Sainte-Vierge dans un chêne de la forêt, et l'apportèrent à Bar-sur-Seine. Placée chez un particulier de la ville, elle disparut tout-à-coup. On crut d'abord à une soustraction, mais elle fut retrouvée le lendemain dans la place même d'où on l'avait prise la veille; rapportée de nouveau, le même prodige se renouvela. Ce fut alors que le clergé en eut connaissance; on alla en procession la quérir. Placée à l'église, la Sainte ne se trouvant point encore convenablement, retourna dans son chêne; il fut alors décidé qu'on élèverait une Chapelle près de cet arbre miraculeux, qui existe encore aujourd'hui, malgré les nombreuses parcelles distribuées à toutes les personnes qui viennent à la fête de la Sainte le 25 mars de chaque année. Cette image est en bois de chêne, petite et mal sculptée. On n'a pu trouver aucun titre qui donnât crédit à tous les bruits qu'on a répandus à ce sujet.

Les chaleurs de juillet et août aggravèrent l'épidémie : l'administration ordonna la construction de baraques en dehors de la ville, où on transporta les malades atteints de l'épidémie. Ces établissements s'appelèrent *maladreries*, noms qui existent encore à l'entrée ou à la sortie de plusieurs bourgs de l'arrondissement. Enfin, depuis juillet jusqu'à la fin d'octobre que la maladie se déclara, 600 personnes succombèrent à Bar-sur-Seine.

Ricey-le-Bas eut plus de moitié de sa population enlevée par le fléau, tandis que le bourg de Ricey-Haute-Rive et Ricey-le-Haut n'en ressentait que de faibles atteintes. Polisy, Balnot, Polisot souffrirent horriblement de l'épidémie, ainsi que Celles, Buxeuil, Neuville, Gyé, Courteron; enfin, jusqu'aux portes de Châtillon, où le fléau s'arrêta, la vallée de la Seine vit une partie de sa population décimée.

Ce fut à peu près vers cette époque que s'éteignit, faute de privilèges,

(1) Cette chapelle fut visitée par les empereurs de Russie et d'Autriche.

la Compagnie d'Arquebusiers et d'Arbalétriers fondée à Bar-sur-Seine lors de l'établissement de la commune. Cette compagnie possédait un *hostel* construit à ses frais.

La paix ayant amené le calme, l'agriculture et les arts prirent quelque développement. M. le maréchal de Choiseuil-Praslin, seigneur de Polisy, conçut l'idée gigantesque de rendre la Seine navigable depuis Nogent jusqu'à Polisy; en 1665, il adressa un mémoire au roi à ce sujet.

Nous rapportons ci après l'extrait des registres du Conseil-d'Etat, du 11 avril 1665 (1) :

Extrait des Registres du Conseil-d'État, du 11 avril 1665.

Sur la Requête présentée au Roi en son Conseil par le sieur Maréchal du Plessis, contenant que les propositions qu'il lui a faites de rendre la rivière de Seine navigable depuis le lieu de Polisot jusqu'à la Ville de Nogent, distants l'un de l'autre de plus de vingt-cinq lieues, ayant été examinées en son Conseil, elles ont été reconnues très-avantageuses à la Province de Champagne et partie de celle de Bourgogne, par la facilité que l'exécution de ce dessein apportera au commerce et au débit des bleds, vins, bois, fer et autres marchandises que produisent lesdites Provinces, et que les habitants étant obligés de consommer sur les lieux, faute de commodité pour les transporter en cette Ville de Paris, et dans les autres Villes et Bourgs situés sur ladite rivière de Seine, le débit que cette navigation produira, leur donnera aussi plus de moyens de payer les tailles et de faire subsister leurs familles, en cultivant leurs vignes et leurs terres, que la difficulté du débit les a forcés d'abandonner; et ces considérations ayant obligé Sa Majesté de renvoyer, par Arrêt de son Conseil, du 14 jour de juin dernier, au sieur de Machault, Intendant en ladite Province de Champagne, lesdites propositions et offres dudit sieur Maréchal du Plessis, pour en donner avis à Sa Majesté, et pour informer de la commodité ou incommodité que l'exécution de ce dessein peut apporter, ledit sieur de Machault a procédé à ladite information, et donné son avis, par lequel l'utilité publique de cette entreprise étant amplement reconnue, rien n'empêche plus que Sa Majesté n'en ordonne l'exécution; mais d'autant que des propositions si utiles au bien de ses Sujets ne peuvent

(1) Nous tenons à enregistrer ce fait, aujourd'hui (octobre 1845) que les études nécessitées pour la jonction du canal de Troyes avec celui de la Bourgogne viennent d'être faites, et font espérer que ce projet de canalisation de la Haute-Seine va enfin recevoir son exécution. Les grands avantages qui devront en résulter pour l'arrondissement de Bar-sur-Seine, si peu favorisé jusqu'à ce jour sous le rapport des travaux d'art, doivent engager les habitants de la vallée de la Seine à réunir tous leurs efforts pour faire prévaloir ce tracé.

être exécutées sans de grands frais, qui monteront à plus de 264400 livres, suivant le procès-verbal de devis et estimation des ouvrages, qui a été fait par des Experts en présence dudit sieur de Machault, en exécution dudit Arrêt du Conseil, dudit jour 14 juin dernier, il est juste que ledit sieur Maréchal, qui offre d'en faire la dépense, en soit indemnisé par la perception de quelques droits qui se lèveront sur les marchandises qui seront conduites et amenées sur ladite rivière, tant en cette Ville de Paris qu'ailleurs. A CES CAUSES, requéroit qu'il plût à Sa Majesté ordonner qu'il sera incessamment procédé et travaillé à rendre la rivière de Seine navigable, depuis ledit lieu de Polisot jusqu'audit Nogent, à l'effet de quoi il serait permis audit sieur Maréchal de prendre toutes les terres et héritages nécessaires, abattre maisons, bois, moulins, écluses, et généralement se servir de tout ce qu'il conviendra pour l'exécution de ce travail, en remboursant les Propriétaires de la juste valeur desdits biens, au dire d'Experts et gens à ce connoissants, dont les parties conviendront pardevant ledit sieur de Machault ou ses Subdélégués, à faute de quoi il en sera par eux nommé d'office, après une première sommation seulement; et pour indemniser ledit sieur Maréchal des grands frais qu'il est obligé de faire, lui permettre de lever et prendre sur quel chaque muid de vin qui sera chargé audit lieu de Polisot, ou autre sur ladite rivière, pour aller jusqu'à Méry-sur-Seine, pour droit d'entrée, vingt sols, et pour l'ouverture de chacun pertuis étant sur ladite rivière, un sol; sur chaque setier de bled, mesure de Paris, un sol; pour l'ouverture de chaque pertuis, deux deniers; sur chaque cent de toises de solives, de cinq à sept pouces de bois quarré à la mesure, à la même raison et mesure des Marchands de Paris, trois livres dix sols, et pour l'ouverture de chaque pertuis, dix sols; sur chaque cent d'ais ou planches, de largeur de dix ou douze pouces et d'un pouce d'épaisseur, et des autres à proportion, trente-cinq sols, et pour l'ouverture de chaque pertuis, cinq sols; sur chaque train de bois à brûler, flottant de quatre branches de seize coupons de longueur, pour chaque coupon, deux sols 6 deniers, et pour l'ouverture de chaque pertuis, six deniers; sur chaque millier de fagots et cotrets venant par bateaux, et sur chaque muid de charbon, quinze sols, et pour l'ouverture de chaque pertuis, deux sols six deniers; sur chaque millier de fer pesant, trois liv., et pour l'ouverture de chaque pertuis, trois sols; pour chaque cent de carpes, brochets, truites ou autres poissons, trente sols, et pour l'ouverture de chaque pertuis, trois sols; sur chaque cent de chanvre, laine, fil, toile, étoffes, treillis, et autres marchandises de quelque qualité et condition qu'elles soient, quoiqu'elles ne soient ci spécifiées, toutes lesquelles seront pesées au poids qui pour cet effet sera établi audit port de Polisot, huit sols, et pour l'ouverture de chaque pertuis, huit deniers; lesquels droits seront payés par toutes sortes de personnes, de quelque qualité et condition qu'elles soient, exemptes et non exemptes, privilégiées; et pour rendre le commerce plus fréquent, permettre aussi audit sieur Maréchal d'établir un marché chaque semaine en deux des Bourgs et lieux étant sur ladite rivière, qu'il jugera les plus commodes à cet effet, même deux foires franches pour chaque année audit lieu de Polisy, desquelles franchises jouiront seulement les habitants desdits lieux de Polisy, Polisot et Buxeuil, dépendant des terres dudit sieur Maréchal; comme aussi de construire deux moulins à papier sur ladite rivière, aux endroits qu'il jugera plus à propos; et d'autant que les frais pour l'exécution de ce dessein sont si considérables, et doivent être faits si promptement, qu'il serait difficile au suppliant de fournir comptant une si grande somme, lui permettre encore d'associer avec lui cinq ou six personnes pour contribuer à cette dépense et à l'avancement et perfection d'une si grande entreprise; en considération desquels avances et travaux, et des soins que lesdits associés contribueront à ce dessein, ils seront ennoblis, et jouiront des grâces et privilèges accordés à ceux qui contribuent à de semblables ouvrages, par les déclarations de Sa Majesté, des mois d'octobre 1655 et juillet 1663, lesquels associés, ledit sieur Maréchal pourra rembourser quand il voudra de leurs avances, frais, peines et salaires, au moyen de quoi ils ne pourront prendre aucune part auxdits droits, et sans toutefois que par lesdits remboursemens ils soient déchus des privilèges qui leur sont accordés, dont ils continueront de jouir comme avant icelui; et pour régler les différens et contestations qui pourront arriver en l'exécution de cette entreprise, soit à l'égard de l'estimation des indemnités et remboursemens des propriétaires, cessations des moulins, que construction des pertuis et voitures des matériaux, et autres difficultés qui pourroient naître dans le cours de ce travail; ordonner que les Entrepreneurs, Ouvriers, Propriétaires et autres intéressés, de quelque qualité et condition qu'ils soient, se pourvoiront pardevant ledit sieur de Machault, auquel, à cette fin, la connoissance en sera attribuée et à ses Subdélégués, et icelle interdite à tous autres Juges, avec défenses aux parties de se pourvoir ailleurs que pardevant lui, à peine de cinq cents livres d'amende et de tous dépens, dommages et intérêts; et à l'effet de tout ce que dessus, que toutes lettres nécessaires seront expédiées audit sieur Maréchal. Vu ladite Requête signée Dumanoir, Avocat audit Conseil; copie dudit Arrêt du Conseil, et commission audit sieur de Machault, pour procéder à la visite de ladite rivière, depuis Polisy jusqu'à Marsilly, ledit jour 14 juin

1664, procès-verbal dudit sieur de Machault, fait en exécution dudit Arrêt du 26 juillet, audit an.

Acte d'assemblée de la Ville de Troies, contenant ses remontrances et oppositions à l'exécution des entreprises de rendre la rivière de Seine navigable depuis ledit lieu de Polisy jusqu'audit Marsilly, du 20 août, audit an; rapport des Experts qui ont procédé à la visite de ladite rivière de Seine, en présence dudit sieur de Machault, contenant les ouvrages qui sont à faire pour la rendre navigable en l'espace desdits lieux, et le prix que coûteront lesdits ouvrages du 7 août, audit an 1664 : copie d'Arrêt contradictoire du Parlement de Paris, portant entre autres choses que, sans avoir égard à l'opposition de la Ville de Troies, la rivière de Seine demeurera libre pour la navigation et passage des bateaux, depuis sa source jusqu'à Paris, du 3 avril 1665, et autres procès attachés à ladite Requête; et ouï le rapport du sieur Voisin, Conseiller du Roi en ses Conseils, Maître des Requêtes ordinaires de son Hôtel. Le Roi étant en son Conseil Royal du Commerce, a ordonné et ordonne qu'il sera incessamment travaillé aux ouvrages contenus audit procès-verbal dudit sieur de Machault, et desdits Experts nécessaires pour rendre ladite rivière de Seine navigable, depuis ledit lieu de Polisy jusqu'à Méry, et permet au Suppliant de faire faire iceux ouvrages, et pour cet effet prendre toutes les terres et héritages nécessaires, abattre maisons, bois, moulins, écluses, et généralement se servir de tout ce qu'il conviendra pour l'exécution de cette entreprise, en remboursant au préalable les Propriétaires de la juste valeur desdits biens, au dire d'Experts ou gens à ce connoissants, dont les parties conviendront à l'amiable, ou devant le Prévôt des Marchands et Echevins de la Ville de Paris, ou faute d'en convenir trois jours après la première sommation, au dire de ceux qui seront par eux nommés d'office, et pour indemniser ledit suppliant de sa dépense, et pourvoir à l'entretènement desdits ouvrages, lui a permis, et à ses successeurs ou ayant causes, de lever à perpétuité sur toutes les marchandises qui se voitureront, soit en descendant, soit en remontant sur ladite étendue de rivière, les sommes ci-après, savoir : sur chacun muid de vin, jauge de Paris, ou à proportion, plus ou moins, au bureau qui sera établi au-dessus de la Ville de Troies, six sols quatre deniers, et pareilles sommes à celui qui sera aussi établi au-dessous et proche la Ville de Mery, et outre ce, huit deniers pour l'ouverture de chacun pertuis, depuis Polisy jusqu'audit Méry; sur chaque setier de bled, dite mesure de Paris, quatre deniers à chacun desdits Bureaux, et à chaque pertuis, un denier, et pour l'avoine et autres grains et légumes, moitié de ce qui est taxé pour le bled; pour chacun cent de toises de solives, de cinq à sept pouces, et de bois quarré, mesure des Marchands de Paris, ou plus ou moins à proportion, vingt-trois sols quatre deniers à chacun desdits Bureaux de Troies et Méry, et six sols huit deniers pour l'ouverture de chacun pertuis; sur chaque cent d'ais ou de planches de largeur de dix ou douze pouces et un pouce d'épaisseur, et des autres à proportion, onze sols huit deniers à chaque Bureau, et trois sols quatre deniers pour l'ouverture de chaque pertuis; sur chacun train de bois à brûler, flottant de quatre branches et de seize coupons de longueur, à chaque Bureau de Troies et Méry, treize sols quatre deniers, et pour l'ouverture de chaque pertuis, cinq sols six deniers; pour le millier de fagots et cotrets par bateaux, et sur chaque muid de charbon, cinq sols à chaque pertuis; sur chaque boutique de poisson, quelque quantité qu'elle en puisse contenir, à l'ouverture de chaque pertuis, deux sols, et ne sera pour ce payé aucune chose èsdits Bureaux, et sur chaque cent pesant de laine, toile, fils, étoffes, treillis et autres marchandises de quelque qualité et nature qu'elles soient, quoique non ci spécifiées, qui seront toutes pesées aux poids qui pour cet effet seront établis èsdits Bureaux, cinq sols quatre deniers à chacun d'eux, et pour l'ouverture de chacun pertuis, cinq deniers, lesquels droits seront payés par toutes personnes, exemptes et non exemptes, privilégiées et non privilégiées, et en cas de contestation, les parties se pourvoiront pardevant lesdits Prévôt des Marchands et Echevins de la Ville de Paris, et par appel au Parlement, sans qu'il soit loisible aux Commis et préposés, et que le Suppliant sera tenu entretenir à ses frais, et faire résider continuellement, et qui seront tenus faire le service sans retarder les Marchands, à peine des dépens, dommages et intérêts d'iceux, dont le Suppliant sera responsable civilement de prendre plus grandes sommes que celles ci-dessus, sous prétexte de leur travail, ou autre, à peine de concussion; et à cet effet, à chaque Bureau et pertuis, sera mis et affiché à un poteau copie sur un fer-blanc du présent Arrêt, au lieu où il puisse être facilement lu, et si elle était ôtée, en sera rétablie une autre à l'instant, et à faute de ce, ne sera payé aucun droit par les Voituriers, et en ce cas auront liberté entière de passer sans rien payer; n'entendant Sa Majesté néanmoins que par lesdits ouvrages, le partage des eaux entre la Ville de Troies et le canal ancien de la rivière, puisse être changé en aucune manière; ains sera le surot qui fait la division, entretenu en l'état où il est à présent, à l'effet que les eaux qui vont pour l'usage de la Ville de Troies, ne puissent être diminuées. Et en considération de ladite dépense, a Sa Majesté encore accordé au Suppliant l'établissement de deux marchés chaque semaine, en deux bourgs ou lieux étant sur ladite rivière, qu'il jugera les plus commodes à cet effet, et deux Foires audit lieu de Polisy, et lui permet de construire deux moulins à papier sur ladite rivière, aux endroits qui se trouveront propres. Ordonne néanmoins Sa Majesté que tous les droits ci-dessus seront diminués par moitié toutes fois et quantes qu'il plaira à sadite Majesté faire rembourser le Suppliant de la somme de soixante-quinze mille livres, et jouira, ledit Suppliant, ses hoirs et ayant causes à perpétuité, de l'autre moitié desdits droits et desdites Foires, marchés et moulins établis pour le surplus de sa dépense, et frais qu'il conviendra faire pour la conservation et entretien des ouvrages à l'avenir, et seront toutes lettres nécessaires pour l'exécution du présent Arrêt, expédiées au Suppliant, et cependant icelui exécuté, nonobstant empêchements ou appellations quelconques, dont, si aucunes interviennent, Sa Majesté s'en réserve la connaissance et à sondit Conseil. Fait au Conseil d'Etat du Roi, Sa Majesté y étant, tenu à Paris le onzième jour d'avril mil six cent soixante-cinq. *Signé*, DE LIONNE.

Dans une visite que le roi Louis XIV fit en Bourgogne en 1700, la terre de Polisy fut érigée en duché en faveur du maréchal Choiseuil-Praslin. Le roi passa à Ancy-le-Franc, où il visita M. de Clermont-Tonnerre, et de là se rendit à Molême. Lors de la révolution française, on enleva du mur de l'abbaye une inscription qui attestait ce passage.

CHAPITRE XV.

Aucun évènement remarquable ne se passa dans le bailliage de Bar-sur-Seine pendant le commencement du 18e siècle. Rouget, qui écrivait l'histoire de ce pays à cette époque, ne nous signale aucun fait saillant : or, lui, contemporain, n'ayant rien enregistré, il serait difficile de puiser ailleurs ce qui concerne la localité.

En 1721, le bailliage de Bar-sur-Seine fut, par décision royale, réuni aux Etats de Bourgogne. Ce bailliage avait beaucoup perdu de son importance depuis sa formation. M. de Choiseuil, dont la terre était érigée en duché, avait fait de Polisy et Polisot un bailliage; le baron de Pormereu en avait fait autant des Riceys, malgré les réclamations des moines de Molême. La terre des Riceys ayant été érigée en marquisat en faveur de la famille de Pormereu, qui était déjà seigneur d'une partie de ce pays, les réclamations des moines cessèrent. Depuis la réunion définitive de Bar-sur-Seine à la Couronne, cette ville fut régie par des gouverneurs dont tous les noms ne sont pas conservés. Nous trouvons M. Décajeul, gouverneur en 1700, et, lors de la réunion du bailliage aux Etats de Bourgogne, c'était M. le comte de Féodas.

Depuis la réunion de Bar-sur-Seine aux Etats-Généraux de Bourgogne, ce bailliage eut pour députés ou alcades de la noblesse, aux Etats-Généraux de Dijon :

M. Marrolles Leoncourt, seigneur de Chauffour, député de Bar-sur-Seine;

M. de Longueville, seigneur de Ville-sur-Arce;

M. de Vienne, 1722;

M. de Frasans, seigneur d'Avirey, 1739;

Le même, 1751.

Il y avait juste un siècle d'écoulé depuis que la peste s'était déclarée à Bar-sur-Seine, lorsqu'une épidémie s'y manifesta de nouveau. Il est à remarquer que dans les deux derniers siècles et celui-ci, à époque fixe, 1631 à 1632, 1731, 1831 à 1832, on a vu se renouveler une épidémie à peu près semblable; mais, chose bizarre, des pays, des rues même, séparées par de faibles distances, étaient épargnés, tandis qu'à côté la mort frappait une partie de la population. Bar-sur-Seine eut moins à souffrir de cette épidémie que de la peste de 1631. Ricey-le-Bas, qui avait été flagellé par cette peste, fut à peine atteint de cette dernière, tandis que Ricey-Haute-Rive et Ricey-le-Haut en étaient affligés; Gyé, Neuville, Courteron, Mussy, puis cette fois Châtillon, ne furent pas épargnés.

Les habitants de Bar-sur-Seine établirent une confrérie de Saint-Roch, dont firent partie les plus notables habitants de la ville.

Nous avons déjà eu occasion de parler des lettres-patentes de Henri IV, qui autorisaient l'établissement d'un Collège à Bar-sur-Seine pour l'éducation des jeunes gens. Un arrêt du 8 juillet 1665 stipulait que ce collège était pour l'instruction de la jeunesse dans les belles-lettres, et réglait ainsi qu'il suit la manière dont devrait être administré cet établissement :

« Il n'y a qu'un régent ou principal, gagé par la ville de la somme » deux cents livres, fixée par l'arrêt de 1665, avec le logement qui lui » est fourni gratuitement, parce que les chanoines ont eu le soin ou l'a» dresse de s'approprier la prébende accordée par Henri IV sur un de » leurs canonicats, pour l'instruction de ce collège.

» Quoique ce collège soit d'une grande utilité à la ville, cependant quel» ques citoyens composant le corps municipal, depuis l'édit du mois d'août » 1765, entr'autres un chanoine, s'étaient avisés de le supprimer et dé» truire par une délibération du 29 décembre 1766. Le Roi, instruit de » cet acte d'autorité si préjudiciable au bien public, rendit une ordon» nance, le 29 juin 1767, qui, en rétablissant ce pauvre petit collège, » qualifie de cabale la délibération qui l'avait supprimé, et défend d'en » faire à l'avenir de semblables, à peine d'y être sévèrement pourvu.

» M. l'intendant de la province, chargé d'envoyer cette ordonnance et » de tenir la main à son exécution, *écrit* aussi la lettre la plus vive à ces » délibérans de l'assemblée du 29 décembre 1766. Il leur fait sentir leurs » torts et la bonté de Sa Majesté, de n'avoir pas sévi contre eux, comme » leur conduite le méritait : il leur rappelle les lettres-patentes et l'arrêt » du Conseil ci-devant rapportés, et leur ordonne de rendre tous ces » faits publics, et d'en faire mention sur les registres de l'Hôtel-de-» Ville. »

Nous nous abstiendrons de tous commentaires à ce sujet, mais il nous semble que la manière d'agir des chanoines a assez d'analogie avec la question universitaire.

Depuis cette époque, nous n'avons pas connaissance que ce collège ait été en butte à d'autres attaques de ce genre.

L'orage révolutionnaire commençait à gronder sur la France. Louis XVI convoquait les Etats-Généraux de 1789.

Le dimanche 8 mars de cette année, en vertu des ordonnances du Roi, publiées au prône et devant le portail des églises paroissiales pour la convocation des assemblées bailliagères, le tiers-état se rassembla, au son des cloches et du tambour, en l'Hôtel-de-Ville, sous la présidence du maire, assisté des échevins chargés de rédiger les cahiers de doléances pour nommer les députés du tiers-état de la ville et bailliage de Bar-sur-Seine. Le 15 mars, les trois ordres du bailliage s'assemblèrent de nouveau sous la présidence du bailly, pour élire chacun leur député aux Etats-Généraux.

Nous n'avons pu nous procurer la liste des délégués pour élire les députés du bailliage de Bar-sur-Seine, mais nous avons celles des bailliages de Sens et de Tonnerre, pour le pays qui appartient aujourd'hui à l'arrondissement de Bar-sur-Seine.

Députés des bourgs, paroisses et communautés du ressort du bailliage de Sens, composant l'assemblée préliminaire du 10 *mars* 1789.

Plaines. .	Pierre Moussardant, vigneron.
	Charles Charton, tonnelier.
Noé.. . .	Caprais Roy, procureur fiscal.
	Pierre Privin, manouvrier.
Neuville. .	Jacques Douge, marchand.
	Mathieu Lachoy, laboureur.
Marolles. .	Edme Flogny, laboureur.
	Guillaume Léger, marchand.

Gyé. . . Claude Duval, avocat au parlement.
J.-B. Douge, marchand.
Joseph Geoffroy, marchand.
Claude Guyot-Bourgeois.

Fouchères. . Pierre Baudouin, laboureur.
Jean Pouce, laboureur.

Channes. . Nicolas-François Carré, lieutenant de la justice de Channes.
Germain-Valentin Tranchant, procureur fiscal.

Courteron. . Nicolas Gamet, marchand.
Pierre Dormois, vigneron.

Beauvoir. . Robert Colin, syndic.

Bragelogne. Charles Coqueret, laboureur.
Nicolas Honnet, laboureur.

Mussy. . . Louis Alexis Lambert, page de la grande venerie du Roi.
J.-Alex. Verdin, conseiller du Roi, grenetier au grenier à sel de Mussy.

Assemblée du 16 mars 1789, pour nommer les députés aux Etats-Généraux.

TIERS-ÉTAT.

MM. Jacques Douge-Bourgeois, à Neuville.
Robert Collin, marchand à Beauvoir.
Germain Tranchant, procureur à Channes.
Claude Duval, avocat à Gyé.
J.-B. Douge, marchand à Gyé.
J.-Al. Verdin, à Mussy.
Lambert, page de venerie, Mussy.

NOBLESSE.

M. Grignet, chevalier d'Eugny, chevalier de l'ordre de Saint-Louis, capitaine commandant au régiment d'Armagnac, en son nom et comme représentant M. le marquis de Montmort, seigneur de Gyé.

CLERGÉ.

MM. Planson, vicaire de Saint-Hilaire de Sens, représentant le curé de Beauvoir.
Rathier, chapelain de Saint-Louis, représentant le curé de Channes.
Vannier, curé de Mussy, Comméville et Plaines.
Plard, curé de Noé.

Tuand, chanoine régulier de la Trinité, prieur-curé de Vallery, en son nom et représentant la communauté de la Gloire-Dieu.

Nous donnerons ensuite les noms des députés qui nous sont connus, appartenant à l'arrondissement de Bar-sur-Seine.

M. Bouchotte fut élu député du tiers-état pour Bar-sur-Seine.

Ce fut ce député qui fit la motion de fondre les cloches pour les convertir en canons ou en billon. On raconte que M. Bouchotte, qui était boiteux, fut cause de l'hilarité de l'assemblée, qui cria : « M. Bouchotte a des cloches aux pieds. »

Les Riceys envoyèrent à l'assemblée MM. Parisot et Hugo pour le tiers-état, et M. Bluget de Valdenuit, curé de Ricey-le-Bas, pour le clergé.

Le dénombrement des provinces de France achevé, l'Assemblée nationale voulut juger s'il était possible de compter sur l'élan de la nation. Tout-à-coup le bruit courut dans toute la France que des brigands armés allaient de pays en pays, incendiant les maisons et pillant les villages; et s'il est vrai, comme quelques-uns l'ont prétendu, que Mirabeau fut l'instigateur caché de cette fausse nouvelle, dans le but de faire un appel mieux écouté à la force nationale, il ne fut point trompé dans ses prévisions; car toute la France alarmée courut aux armes, pour ne plus les quitter. Ce fut le 25 juillet que ces bruits sinistres parvinrent à Bar-sur-Seine. La garde bourgeoise prit aussitôt les armes; les gens de la campagne s'armèrent d'instruments aratoires, tels que maigles, dont on avait redressé la pointe, et formant, par conséquent, une espèce de lance; de haches, de pioches, enfin de quelques fusils. En un instant le bailliage fut armé : chaque bourg, chaque village organisa des avant-postes, et tout fut prêt à la défense. Le 28, à sept heures du soir, une lettre, venant de Molême, parvint à Bar-sur-Seine, assurant que les moines recevaient un courrier d'Artonnay, leur apprenant que 1200 brigands étaient à Saint-Florentin.

Enfin, après plusieurs jours d'angoisses, on reconnut que c'était une fausse nouvelle.

La révolution française fut saluée avec enthousiasme à Bar-sur-Seine et dans son bailliage. Le règne de la terreur n'y trouva pas de suspects, et l'émigration fut pour ainsi dire nulle dans ce pays. A la nouvelle de l'invasion de la Champagne par l'Etranger, les volontaires nationaux quittèrent leurs foyers aux chants d'airs patriotiques. Peu de bailliages de France ont fourni, à cette époque, autant d'hommes à l'armée.

La vente des biens du clergé décrétée, le vandalisme révolutionnaire porta sa main sacrilège sur les magnifiques édifices élevés à tant de frais, depuis des siècles, par nos pères.

Mores, ce monastère fondé par les comtes de Bar-sur-Seine, et qui eut tant d'importance avant les guerres de religion, était détruit. Nous visitions tout récemment l'emplacement des ruines de cet édifice (1), qui rappelle tant de souvenirs. La Gloire-Dieu, élevée aussi par les comtes de Bar, subissait le même sort. Molême, monastère bâti par S. Robert, parent des comtes de Bar-sur-Seine, et que ces derniers aidèrent de tout leur pouvoir, était détruit ; son église, qui passait pour une des plus belles de France, était vendue pour quelques assignats, tandis que les habitants de ce bourg pouvaient conserver cet édifice pour leur paroisse. Un de nos amis nous écrivait de Molême un entretien qu'il eut avec des vieillards du pays : une particularité de cet entretien nous engage à en donner connaissance à nos lecteurs.

« Molême, 15 septembre 1844.

» . . . . Les restes de l'abbaye ont été, comme vous le pensez, le principal but de ma curiosité et de mes investigations. J'ai tout visité, les dehors d'abord, et ensuite, conduit par un vieillard du pays, j'ai pénétré dans l'intérieur. J'ai vu des choses admirables : des écuries voûtées d'un pur ogival, des chambres ornées de sculptures et richement bâties, meublées des objets les plus pauvres. J'ai parcouru l'emplacement des cloîtres, qui se trouve derrière les bâtiments qui ont été conservés : en cet endroit, on ne voit que piliers gothiques ruinés et enclavés dans de vieilles murailles qui tombent aussi en ruines ; il s'y trouve une citerne, la plus belle que j'aie vue, et parfaitement conservée. J'étais assis sur la margelle avec le vieillard qui me conduisait, quand tous les autres vieux infirmes du pays arrivèrent comme s'ils se fussent donné rendez-vous. Là, ils m'ont appris les particularités les plus curieuses sur l'abbaye, entre autres une prédiction d'un religieux, nommé le père Clovelin. C'était un bon père, un vrai religieux, et, au témoignage même des *gens de Molême,* il avait échappé à la corruption qui minait alors la plupart des cloîtres. Trois ans avant la révolution, ce bon moine disait à l'un des vieillards qui causaient avec moi : « *Gars*, tu

(1) Nous avons vu avec plaisir le Propriétaire des restes du cloître (M. Coutant), enlever avec soin les décombres qui recouvraient l'emplacement de l'église, et conserver religieusement les pierres sculptées. Une tombe de prieur recouvre maintenant les ossements extraits du sol, réunis dans une fosse. Pour honorer ces cendres, il y a fait placer une croix en fer. Nous lui signalâmes que l'abbé Boutlioux, dernier prieur de ce monastère, nous donna connaissance, il y a deux ou trois ans, que faisant réparer, en 1784, l'escalier du maître-autel, on trouva deux cercueils de plomb ; on en ouvrit un, le squelette avait dans la main un parchemin enroulé d'une feuille de plomb ; les caractères étaient complètement effacés. Ces cercueils n'appartiendraient-ils pas au comte et à la comtesse de Bar-sur-Seine, fondateurs du monastère ?

» te souviendras que dans trois ans presque tous ces beaux bâtiments que tu » vois seront renversés, qu'on en vendra jusqu'aux pierres, qui s'en iront » bien loin d'ici ; la salle de notre chapitre deviendra une écurie, et on la» bourera dans l'emplacement de notre belle église. . . . . »

Lors de la formation des départements, Bar-sur-Seine et les Riceys se trouvèrent en concurrence pour obtenir le chef-lieu d'arrondissement : les Riceys s'appuyaient sur le chiffre de leur population, s'élevant beaucoup plus que celui de Bar-sur-Seine ; mais Bar-sur-Seine avait toujours été chef-lieu de comté ou de bailliage : aussi Ricey fut-il débouté de sa demande.

Bar-sur-Seine se trouva appartenir au département de l'Aube, et former une sous-préfecture réunissant 5 cantons et 85 communes, dont le nombre de la population s'élève à 51,477 habitants. L'ancien bailliage resta intact, et fut compris dans le nouvel ordre de choses. On y ajouta, premièrement :

Canton de Bar-sur-Seine.

Chappes	443	Rumilly-les-Vaudes	681
Courtenot	305	Vaudes	514
Fouchères	539	Villemoyenne	626
Fralignes	202	Villers-sous-Praslin	330
Marrolles	327	Villy-en-Trodes	570
Saint-Parres	367	Virey-sous-Bar	420
Poligny	150		

L'ancien bailliage comprenait :

Bourguignons	470	Juilly	632
Briel	379	Merrey	508
Buxeuil	361	Villemorien	303
Chauffour	239	Ville-sur-Arce	869

qui font aujourd'hui partie du canton de Bar-sur-Seine.

Canton d'Essoyes. — 21 communes, 13,097 habitants.

Bertignolles	302	Fontette	602
Beurey	555	Landreville (de l'ancien bailliage)	1369
Buxières (de l'ancien bailliage)	467	Loches (de l'ancien bailliage)	1039
Chassenay	314	Longpré	310
Chervey	824	Magnant	484
Cunfin	1119	Montmartin	160
Eguilly	348	Noé et Mallet	483
Essoyes	1719	Puits et Nuisement	349

Thieffrain	339	Vitry-le-Croisé	1068
Saint-Usage	332	Viviers (de l'ancien bailliage)	360
Verpillières	553		

Canton de Chaource. — 26 *communes*, 12,075 *habitants.*

Avreuil	428	Loge-Pomblin (la)	170
Balnot-la-Grange	506	Loges-Margueron (les)	350
Bernon	426	Maisons (les)	392
Chaource	1534	Marolles-sous-Lignières	502
Chaserey	168	Metz-Robert	113
Chesley	848	Pargues	567
Coussegrey	517	Praslin	267
Cussangy	682	Prusy	182
Etourvy	622	Turgy	152
Granges (les)	163	Vallières	392
Lajesse	535	Vanlay	743
Lantages	640	Villiers-le-Bois	382
Lignières	677	Vougrey	117

Canton de Mussy. — 8 *communes*, 7,191 *habitants.*

Celles (de l'ancien bailliage)	1030	Neuville	981
Courteron	525	Plaines	559
Gyé	1324	Polisot (de l'ancien bailliage)	508
Mussy	1730	Polisy *id.*	534

Canton des Riceys. — 8 *communes*, 7,613 *habitants.*

Arrelles (de l'ancien bailliage)	531	Beauvoir	234
Avirey-Lingey *id.*	895	Bragelogne	600
Balnot *id.*	530	Channes	471
Bagneux	788	Riceys (les)	3564

Les différents gouvernements républicains passèrent successivement avec la rapidité de l'éclair. L'empire, tout éblouissant de gloire, voulut ajouter un diadème à sa couronne de lauriers : les prélats qui, d'habitude, présidaient au couronnement des rois de l'ancienne monarchie, ne suffisaient pas pour la nouvelle cérémonie qu'on disposait à Notre-Dame ; il fallait que le chef de l'Eglise posât lui-même la couronne sur le front du nouvel empereur. Le Pape se rendit en France à cet effet.

Après son couronnement, Napoléon partit pour l'Italie, où il allait se faire sacrer roi. Le Saint-Père suivait l'empereur à deux jours de distance.

Napoléon passa à Bar-sur-Seine le 14 germinal an XIII (4 avril 1805); il reçut les députations de plusieurs communes, et accorda des secours pour les réparations de plusieurs églises qui n'avaient pu être rétablies depuis la révolution. L'Empereur était accompagné de l'impératrice Joséphine et des grands dignitaires de l'empire. Le Pape passa à Bar-sur-Seine le 6 ou le 7 du même mois.

Napoléon visitant Châtillon, les autorités de la ville lui représentèrent les avantages que pourrait tirer la vallée de la Seine du projet de canalisation que M. de Choiseuil avait formé, et qu'une ordonnance de Louis XIV avait sanctionné; projet dont nous avons eu occasion de parler dans un de nos chapitres précédents, et qui devait rendre la Seine navigable depuis Nogent jusqu'à Polisy.

Napoléon vit avec étonnement que d'aussi utiles travaux n'eussent pas encore été faits : « Messieurs, dit-il aux membres des autorités de Châtillon, je veux que vos petits-neveux se souviennent de mon passage dans votre département. »

Le 20 germinal, le *Moniteur* enregistrait que l'Empereur accordait, sur sa cassette, une somme de 200,000 francs pour commencer ces travaux ; il était ordonné de faire, depuis Méry jusqu'à Troyes, des écluses en bois, et ensuite d'en construire huit de Troyes à Bar-sur-Seine; celles-ci devaient être en pierre. Sa Majesté ordonna également qu'on s'occupât des mêmes travaux de Bar-sur-Seine à Châtillon. Mais les guerres que la France eut à soutenir, puis la chute de l'empire, suspendirent l'exécution de ce décret.

L'auréole de gloire qui entourait Napoléon commençait à pâlir. La campagne de Russie amenait après elle ses désastres ; les alliés venaient de violer la neutralité de la Suisse, malgré les protestations du gouvernement fédéral, et la grande armée autrichienne, sous les ordres du généralissime prince de Schwartzemberg, à la suite de laquelle marchaient en personne les empereurs d'Autriche, de Russie, le roi de Prusse, puis le prince Constantin, pénétra subitement sur le sol français.

A mesure qu'ils gagnaient du terrain, par suite des avantages que la trahison et le nombre leur donnaient sur nos troupes, ils cherchaient à étendre leur ligne et à marcher de front, en conservant leurs communications entre les différents corps qui devaient mutuellement s'appuyer. Ils arrivèrent ainsi dans la Champagne, qui devint bientôt le centre des opérations militaires. Langres, Brienne, Bar-sur-Aube, furent occupés par les troupes de Blucher, tandis qu'une colonne, détachée de ce corps d'armée, marcha sur Dijon, et de là sur Troyes, pour rejoindre le corps du prince de Wrède. L'approche de l'ennemi glaça de terreur quelques habitants de ces contrées ; plusieurs s'enfuirent dans les bois ; d'autres se cachèrent dans des carrières. Un père de famille de Bar-sur-Seine s'était avisé de creuser une cachette dans la montagne que couronne la tour de l'Horloge, reste de l'antique forteresse des comtes de Bar. Il s'y renferma, lui, sa femme et deux enfants : un éboulement s'opéra la nuit, et ces quatre malheureux périrent victimes de leur frayeur.

Les premiers étrangers qu'on vit dans les environs de Bar-sur-Seine, fut un détachement de 4 à 500 Autrichiens qui arrivèrent de Molême aux Riceys, où ils restèrent peu d'instants, et de là marchèrent sur Bar-sur-Seine, où ils devaient faire jonction avec le gros de l'armée commandé par le prince de Hesse-Hambourg, qui se présenta devant Bar le 22 janvier. Il entra sans résistance dans cette ville, si ce n'est de la part de quelques compagnies nationales, qui de Dijon s'y étaient repliées, et échangèrent avec eux, du haut de la montagne qui, d'un côté, couvre Bar-sur-Seine, quelques coups de fusils avant de se retirer.

L'autorité jugea prudent de ne point hasarder d'inutiles efforts, afin de ne pas exposer les habitants à la vengeance cruelle de l'ennemi. De Bar-sur-Seine, plusieurs divisions russes et autrichiennes furent détachées sur Chaource, Auxon et Sens, dans le but d'unir cette colonne à celle qui, d'Auxerre, s'avançait sur cette dernière ville. Ricey était occupé par trois régiments de cuirassiers autrichiens. Mussy, Gyé, Neuville, étaient encombrés, et les habitants pillés. Polisy et Polisot furent surtout victimes de l'invasion. « Il était impossible, dit M. de Brosses, de trouver aucun animal vivant dans Polisy. » Polisot eut neuf maisons dévorées par les flammes ; le viol et le pillage suivirent cet acte de brutalité.

La bataille de Brienne occasiona un grand mouvement sur la rive droite de la Seine : il fallait tourner Troyes. Les troupes russes reçurent ordre de se porter derrière Bar-sur-Seine, où le quartier-général des trois souverains avait été établi. Le 4 février, le roi de Prusse et l'empereur de Russie arrivèrent dans cette ville et y restèrent deux jours.

Les alliés étaient tellement sûrs de leur entreprise, et tellement certains que Paris leur serait livré, qu'Alexandre répéta plusieurs fois au maire de Bar-sur-Seine : « J'espère que bientôt nous serons à Paris, et que nous y entrerons même facilement, car, M. le maire, tout dans la haute société, dans votre clergé, même dans votre gouvernement, repousse votre Empereur et se déclare pour nous. Toutefois, c'est un grand homme, et qui a beaucoup fait pour la France. »

Le 5 février, Ricey-Haut et Ricey-Haute-Rive furent occupés par huit mille hommes de la garde impériale russe, et sept mille s'établirent à Riccy-le-Bas. Le grand-duc Constantin et le prince Galitzin commandaient en personne ce nombreux corps d'armée. Bar-sur-Seine était aussi encombré de troupes de toutes espèces. Enfin, le 25 février, après l'affaire de Montmirail, il y eut un mouvement de retraite; le 27, l'armée française occupa Bar-sur-Seine; le général Kellermann enleva à l'ennemi un parc de huit cents hommes près de Bar-sur-Seine. Le temps était tellement mauvais, la neige tombait en si grande abondance, que c'est à peine si les dragons français qui arrivaient à Bar-sur-Seine s'aperçurent que l'ennemi n'était qu'à une faible distance devant eux.

Le duc de Tarente, qui suivait l'ennemi de près, traversa les montagnes par Mussy et Cunfin, les joignit et remporta un avantage à La Ferté-sur-Aube. Mais la fortune ne fut pas longtemps fidèle aux armes françaises; le mouvement rétrograde cessa vers St-Seine; les alliés reprirent l'offensive. Le 1er mars, les Russes se présentèrent devant Bar-sur-Seine, et y apercevant encore l'arrière-garde, ils lancèrent quelques boulets, qui ne causèrent que de faibles dommages. Un homme de la ville, qui traversait la rue, fut coupé en deux : c'est la seule victime qu'on ait eu à regretter.

Le 2 mars, 2,000 Cosaques du Don, sous les ordres du général Stawni, dépendant du général Platow, campèrent aux Riceys; Polisy, Polisot et toute la vallée de la Seine étaient de nouveau encombrés de Russes et d'Autrichiens.

Le 11 avril, l'empereur d'Autriche passa à Bar-sur-Seine, où il tint un enfant sur les fonts baptismaux, et communia en cette ville; il sortait de Châtillon, se dirigeant sur Troyes. Le comte de Rosamouki, ministre plénipotentiaire de Russie, le prince de Rohan, le baron Stein, ministre d'état prussien, étaient logés au château de Polisy.

Le général Platow, commandant une forte division cantonnée à Bar-sur-Seine, reçut ordre de marcher sur Troyes ; lorsqu'il quitta Bar-sur-Seine, le corps municipal s'était réuni devant l'Hôtel-de-Ville : le général adressa ironiquement aux magistrats ces paroles, qu'il accompagna d'un salut de son épée ; « Messieurs, les barbares du Nord (1) ont, en vous quittant, l'honneur de vous saluer. »

Peu de jours après le passage de l'empereur d'Autriche, on vit passer tristement à Bar-sur-Seine le jeune roi de Rome, accompagné de l'impératrice Marie-Louise. Madame la duchesse de Montebello, dame d'honneur, la comtesse de Montesquiou, gouvernante du prince, M. le général Cafarelli, le baron de Menneval, suivaient dans l'exil ces Majestés détrônées.

(1) Nom qu'on leur donnait généralement en France.

Si l'arrondissement de Bar-sur-Seine ne fut pas témoin de batailles, il eut peut-être autant à souffrir à cause des nombreuses troupes qui y stationnaient : le pillage, le viol étaient à l'ordre du jour; puis les contributions frappées par Schwartzemberg sur l'arrondissement, sous peine d'exécution militaire, mirent ce malheureux pays dans la plus affreuse misère.

Enfin, 1815 ramena encore l'Étranger. Les Autrichiens et les Bavarois vinrent de nouveau fouler le sol français; mais leur présence fut de courte durée. La Restauration installée, les cours prévôtales vinrent encombrer les prisons de Bar-sur-Seine. Tout ce qui avait nuance de Bonapartisme était incarcéré, et souvent sans jugement.

Mais arrêtons ce récit, car la plaie est encore saignante; n'essayons pas de la raviver.

L'arrondissement de Bar-sur-Seine a fourni quelques hommes distingués dans la littérature; nous en citerons les noms, ainsi qu'un aperçu des différents ouvrages qu'ils ont laissés.

Bonnefonds, de Bar-sur-Seine, poète latin, laissa plusieurs manuscrits que son fils fit publier.

Bonnefonds (Jean), fils du précédent. Il remplit, après son père, la charge de lieutenant-général au bailliage de cette ville. On a de cet auteur, qui mourut en 1630 :

1° *Bonnefonii lacrymæ Henrico Magno*. Paris, 1610. in-8°.

2° *Cardinali Perronio votum.* Augusta-Senonum. 1611, in-8°.

3° *David renovatus ad cardinalem du Perron*. Senonibus, 1613. in-8°.

4° *Henrici Borbonii Montpenserii Tumulus. generosiss. infantis Guyssi ad card. de Joyeuse geneth. Bonnefonii patris pii amores, et filii poema sacrum.* Paris, 1613.

5° *Mercurius de Laudibus mærchiosis anchorani*. Paris, 1614.

6° *Evanouissement de Conchine*, en vers latins et français. Paris, 1617. in-8°.

7° *Poésies* de Bonnefonds père. Edit. de Leyde. 1626.

8° *Ad Principem Condeum*. 1619.

9° *Justi Trophæo, ad cardinalem Reichelium, Richelii card. genius.* Trecis, 1630.

10° *Urbano VIII Pont. Max., pro Delphino Galliæ votum.* Troyes, 1630.

11° Le père Groslier, de l'Oratoire, possédait, après la mort de Bonnefonds, plusieurs poésies manuscrites de cet auteur.

CLÉMENT (Pierre), né aux Riceys, chanoine régulier, a publié :

Curiosités sacrées, ou Examen des différents passages de l'Ecriture Sainte. Langres, 1651. in-8°.

DUBREUIL, gentilhomme attaché à la maison Vignier, de Ricey :

Histoire des peuples qui habitent les trois Riceys. Paris, 1653.

Le sire de JULLY, seigneur de ce pays, a laissé :

Les Rois de France, par Ch. de JULLY. Paris, 1592. in-8°.

Conseils du sieur de Jully à son Fils, prisonnier. Châlons, 1592.

(Le fils de ce sieur de Jully fut fait prisonnier de guerre à la bataille de Coutras.)

LAUSSEROIS (Jean), procureur du roi à Bar-sur-Seine :

Recherches de la ville et comté de Bar-sur-Seine (manuscrit).

Il n'existe dans aucune bibliothèque publique.

POUPOT (Pierre), poète français, né à Bar-sur-Seine, a laissé :

Muse chrétienne. In-12.

Poésie sur Notre-Dame-du-Chêne de Bar-sur-Seine.

Puis un *Sonnet* à la tête du *Traité de l'Etat et Origine des anciens Français,* par Nicolas Vignier. Troyes, 1582. In-4°.

RAINARD, abbé de Citeaux, fils de Millon, comte de Bar-sur-Seine. Il fut d'abord religieux de l'abbaye de Clairvaux, puis général de l'ordre en 1140. Il mourut en 1151. Il laissa plusieurs manuscrits d'un grand mérite, publiés plus tard par Maniquès et autres. M. Gervaise, dans sa *Vie d'Abeilard*, raconte le voyage de ce prélat à Cluny et la manière édifiante avec laquelle il y parut. « Une vile monture, dit-il, lui tenait lieu de » carrosse à six chevaux ; un pauvre frère convers, qui l'accompagnait, » faisait toute sa suite ; mais son mérite n'avait pas besoin de ces mar- » ques extérieures d'une grandeur mondaine, que le faste et le mensonge » ont introduites dans la suite des temps, triste supplément à la piété et » à la vertu des saints fondateurs. »

Le même historien observe que ce n'est que cent cinquante ans après que les abbés de Citeaux commencèrent à quitter cette simplicité de leur état et à prendre des équipages de grands seigneurs.

REYNAUD, fils du comte de Bar-sur-Seine, fut évêque de Langres en 1065, et mourut en 1085. Il fit en 1076 le voyage de Jérusalem ; il revint en France par Constantinople, et rapporta plusieurs reliques, entre autres un bras de saint Mamès. Dès-lors, la cathédrale de Langres, dédiée à saint Jean l'évangéliste, cessa d'être sous l'invocation de ce saint, pour prendre le nom de Saint-Mamès. Reynaud laissa deux ouvrages, l'un en prose, l'autre en vers.

Le premier a pour titre : *De Vita, Agone ac Triumpho sancti Mamentii martyris.* E Gracorum fonte liber unicus.

Le second est en vers héroïques sur le même sujet.

EDAN BOURSAULT, auteur du *Mercure galant à la cour* et autres ouvrages, était de Mussy.

ROBERT (Claude), chanoine de la Chapelle-au-Riche de Dijon, grand-vicaire du diocèse de Châlons, naquit à Chesley (1), village entre Bar-sur-Seine et Tonnerre, de parents pauvres. Le père Jacob, dans ses *Ecrivains de Châlons*, fait naître Claude Robert à Bar-sur-Aube. Cet historien a fait erreur, car, en 1620, la maison de son père existait encore à Chesley, et le père Percy, jésuite, disait « que de son temps on voyait encore à Chesley la maison du père Robert, et qui était assez bien accommodée pour un homme de sa condition. »

Robert se distinguait par sa piété. M. Fremiot, président au parlement de Dijon, qui connaissait son mérite, lui confia l'éducation de son fils André Fremiot. Il partit, à quelque temps de là, avec son élève, faire un grand voyage ; ils parcoururent la France, la Flandre, l'Allemagne et l'Italie. Son élève devint d'abord abbé de Saint-Etienne de Dijon, puis archevêque de Bourges. Ce prélat pria Robert de vouloir bien s'occuper de l'éducation de son neveu, Jacques de Neuchès ; Robert, ne voulant pas désobliger son premier élève, s'occupa de l'éducation de Neuchès, qui devint évêque de Châlons-sur-Saône.

L'ouvrage qui donna le plus de réputation à Claude Robert est intitulé : *Gallia Christiana, in qua Regis Franciæ*, etc. Paris, 1626. Il laissa une grande quantité de manuscrits qui ont servi à Delamarre, Viguier, Perry, Sainte-Marthe et autres. Duchesne, dans l'*Histoire généalogique des ducs de Bourgogne*, imprimée en 1628, dit, en parlant de Claude Robert, que la Bourgogne aura toujours à se glorifier d'avoir produit un si habile homme.

ROLLIN, fils de Nicolas Rollin, seigneur d'Autun et de Ricey, et de Jeanne de Landes ; archiprêtre de Châlons, évêque de cette ville, cardinal le 20 décembre 1448. Il laissa un *Cartulaire d'Autun* qui resta entre les mains de M. Delamarre, et plusieurs autres ouvrages.

ROUGET, avocat à Bar-sur-Seine :

Histoire de Bar-sur-Seine et ses environs.

REGLEY, né aux Riceys, prêtre d'un de ces bourgs, publia en 1763 la *Généralité de Paris.*

(1) *Auteurs de Bourgogne*, Chap. II, p. 208.

VIGNIER (Henri), fils d'Etienne Vignier, naquit à Bar-sur-Seine le 18 mars 1641. Il entra en 1670 dans la congrégation de l'Oratoire, où il se distingua par un grand attachement aux devoirs de la religion ; plus tard, il fut curé de La Rochelle. M. Clermont-Tonnerre, évêque de Noyon, qui était son parent, l'attira près de lui, et lui conféra un canonicat dans l'église cathédrale de cette ville. Vignier abandonna ce bénéfice, et rentra dans la maison de l'Oratoire, rue Saint-Honoré, où il mourut en 1707. Il a composé les ouvrages suivants :

1° *La Connaissance de Jésus-Christ et de nous-même ; de ses Bienfaits et de nos Devoirs.* Paris, 1703. in-12.

2° *Exercices de piété pour apprendre à faire l'Oraison et à régler son Intérieur.* Paris, 1703. in-12.

3° *Psaumes de David.* 1703. in-12.

VIGNIER (Jacques), né à Bar-sur-Seine, successivement recteur de l'ordre des Jésuites, à Chaumont, à Langres et à Dijon. Sa vie entière fut consacrée à recueillir et à étudier les documents relatifs à l'histoire du diocèse de Langres, et il avait le projet de publier la décade historique de cette province, lorsqu'il mourut à Dijon en 1670.

On citait trois copies des travaux manuscrits de ce savant jésuite : l'une a été brûlée au siècle dernier, dans l'incendie du collège de Langres ; l'autre, qui appartenait aux jésuites de Dijon, est sortie de leur bibliothèque; il ne reste plus qu'un volume de la troisième, qui est à Langres, dans la bibliothèque de M. Guyot. Mais on retrouve à la Bibliothèque Royale, du même auteur, 6 volumes in-4° (Manuscrit Delamarre).

Nicolas Vignier fit imprimer en 1665 un petit volume sous le titre de *Chronicon Lingonense*, etc.

VIGNIER (Nicolas) naquit à Bar-sur-Seine en 1530. Il était fils de Guy Vignier, avocat du roi, et d'Edmonde de Hois, tous deux des plus nobles et anciennes familles de Bourgogne. Vignier fit une partie de ses études à Paris; il se laissa séduire par quelques ministres calvinistes, et embrassa la religion réformée ; il se retira en Allemagne, où l'exercice de cette religion était libre. Là, n'ayant aucunes ressources, il exerça la médecine, qu'il avait étudiée; il fut appelé en qualité de médecin à la cour de plusieurs princes d'Allemagne.

Henri III, en ayant entendu parler, voulut le voir et le nomma son médecin, et plus tard historiographe de France, et lui fit expédier du camp de Pontoise un brevet de conseiller-d'état le 29 juin 1589. Vignier rentra dans la religion de ses pères, et mourut à Paris le 13 mars 1596. Il fut enterré à Saint-Etienne-du-Mont.

Ses ouvrages sont :

1° *Rerum Burgundianum Chronicon*. Bâle, 1575. In-4°.

2° *Sommaire de l'Histoire des Français*. Paris, 1579.

3° *De la Noblesse*, etc. Paris, 1587. in-8°.

4° *Les Fastes des anciens Hébreux, Grecs et Romains*. Paris, 1588. in-4°.

5° *La Bibliothèque Historiale*. Paris, 1588.

6° — — Tome IV, que Guillaume Colletet fit imprimer après la mort de Vignier.

7° *La vraie Histoire de l'Eglise*. Leyde, 1601. in-folio.

8° *Raison et Cause de préséance entre la France et l'Espagne*. Paris, 1608.

9° *Histoire généalogique de la Maison de Luxembourg*.

10° *Traité de l'ancien État de la Petite Bretagne*. Paris, 1619.

11° *Observations sur l'Origine de la Maison de Lorraine*.

M. l'abbé CHAPONNET, grand-chantre de la collégiale de Vendôme, originaire de Bar-sur-Seine, laissa quelques pièces de poésie d'un grand mérite.

Mme la marquise DE LAMBERT, de Vaudes, laissa plusieurs ouvrages estimés.

Jean COLLET, de Rumilly-les-Vaudes, laissa :

Statua Synodia Civitatis et Diocesis Trecensis, etc. 1530. in-4°.

Ouvrage très-rare aujourd'hui ; un exemplaire se trouve encore entre les mains de M. le docteur Carteron, à Troyes.

L'abbé PERNET écrivit une *Statistique* pleine de mœurs et de religion. Il était plutôt connu sous le nom d'*Ermite de Buxeuil* dans les journaux littéraires, où il écrivait quelques énigmes et des fables morales. Il mourut à la Maison-Dieu, à Bar-sur-Seine.

Ed. BOURSAULT, de Mussy, laissa plusieurs ouvrages estimés.

Le savant professeur LEMOINE, né à Essoyes, mathématicien et géographe, fondateur de l'Institution Polytechnique.

Enfin, Edmond RICHER et SAMYNS, tous deux nés à Chaource.

L'arrondissement de Bar-sur-Seine a fourni aussi quelques hommes qui se distinguèrent dans la carrière des armes. Nous citerons en première ligne :

GAUCHER et MILLON, de Bar-sur-Seine, qui furent tués en Palestine et moururent couverts de gloire.

Hugues du Puyset, qui combattit les Anglais.

Les Vignier et les Créquy, de Ricey.

Les Vignier, de Bar-sur-Seine.

Les Choiseuil-Praslin, de Polisy.

M. Legendre, capitaine de vaisseau.

M. Le Compasseur.

Le maréchal de Gyé.

Pierre de Rohan, seigneur de Gyé-sur-Seine.

M. Javelle.

M. Philippe, ancien commandant du régiment de Limousin, et lieutenant du Roi, des ville et château de Verdun.

Le commandeur de Rochecourt.

Les Coningham, descendants des rois d'Ecosse, seigneurs d'Avirey.

M. de Fargès-Durand.

Gérard de Plaines, chancelier de Bourgogne, etc.

Robert de Dreux, V du nom, fait prisonnier par les Anglais à la bataille de Poitiers, où il se distingua.

Dans la noblesse :

Antoine de Vienne-Planchy, gentilhomme ordinaire de la chambre du Roi, capitaine des ville et château de Bar-sur-Seine.

Nicolas-François de Vienne-Monteaux, baron de Fontette, président et lieutenant-général civil et criminel au bailliage de la ville de Bar-sur-Seine.

Charles et François de Coningham, seigneurs d'Avirey. Charles avait deux fils au service de la France.

François Butord-Montigny, seigneur, en partie, d'Avirey-Lingey.

J.-B. Butord-Champigny, ancien lieutenant, était de Buxières.

Aux Riceys : MM. de Coningham (frères du seigneur d'Avirey), d'Hoitteville, le chevalier de Tiercy, Dupotet, Arminot, Vauthier, de Valdenuit-Catlosquet, Dubbrey, etc.

François de Chantereau, seigneur, en partie, de Balnot.

Edme de Chambe, capitaine d'infanterie au régiment de Mazarin, demeurait à Balnot.

Louis DE VIENNE-GEVROLLES, seigneur de Landreville. Il avait servi dans les Mousquetaires.

Charles DESCHIENS, seigneur de Villemorien, ancien officier de cavalerie.

Jacques BOULOT DE L'ETANG, seigneur d'une partie de Villemorien, ancien capitaine du régiment de Bretagne.

Pierre LONGUEVILLE, seigneur de Ville-sur-Arce.

Hyacinthe DE GORREAU DU MONT, écuyer du Roi.

Louis DESCHIENS DE MAISON-ROUGE, de Viviers.

J. FILLEUL, capitaine de dragons, seigneur de Chauffour.

De FÉODAS, gouverneur de Bar-sur-Seine.

Antoine DE BUSSEROLLES, seigneur de Plancy, lieutenant de vaisseau.

François DESCHIENS, lieutenant du régiment de Roussillon.

Léonard DE LONGUEVILLE, seigneur d'une partie de Ville-sur-Arce, ancien major de cavalerie au régiment de Fièmes.

Antoine LELIÈVRE DE FOSSET, seigneur, en partie, de Ville-sur-Arce, mousquetaire du Roi.

Le marquis DE PONNEREU, seigneur des Riceys.

Les sires DE ROCHEFORT, seigneurs de Bragelogne.

Messire DE SOMENON, seigneur d'Essoyes.

Erard DE CHASSENAY.

ROBERT DE DREUX, III du nom, seigneur de Bagneux, exécuteur testamentaire du roi Philippe de Valois.

ROBERT-LE-PREUX, V du nom, seigneur de Bagneux.

Puis enfin, des personnes non moins recommandables, bien qu'elles n'aient point de titres de noblesse, mais qui ont acquis des droits à la reconnaissance publique, droits qui ennoblissent l'homme. Ce sont les LACROIX, les BOURBONNE, les CHAPONNET et les DURAND, de Bar-sur-Seine, familles honorables qui, pendant des siècles, furent les défenseurs zèlés des libertés et franchises de Bar-sur-Seine.

Dans le clergé :

M. MAYEUR, des Riceys, abbé de Clairvaux.

Pierre DE CHAPPES, trésorier de l'église de Laon, évêque d'Arras et de Chartres, chancelier de France, puis cardinal, était né à Chappes, près Bar-sur-Seine.

Le cardinal ROLIN, fils du chancelier Rolin et de Mlle de Landes, de l'ancienne famille des seigneurs du village de ce nom, qui, aujourd'hui, forme un quartier de Ricey-Haut.

Depuis la révolution française, nous citerons :

M. DE BROSSES, de Polisy, membre de la haute-cour impériale.

M. MORIZOT, de Balnot, ancien député et secrétaire de Lafayette.

M. GUENIN, des Riceys, qui fut maire de Cambrai pendant la révolution.

Le colonel MILLET, des Riceys.

M. GOUGEOT, qu'on assure avoir été nommé général à Saint-Domingue, au moment où il venait de s'emparer d'un point important, et où il fut tué. M. Gougeot était colonel lorsqu'il s'embarqua pour l'Amérique. Il était des Riceys.

M. DE VALDENUIT, des Riceys, ancien préfet de la Lozère.

Et enfin, une foule d'officiers qui se signalèrent pendant les guerres de la République et de l'Empire.

Tels sont les hommes recommandables que l'Arrondissement de Bar-sur-Seine a produits.

BAR-SUR-SEINE. — Imprimerie de SAILLARD.

www.ingramcontent.com/pod-product-compliance
Ingram Content Group UK Ltd.
Pitfield, Milton Keynes, MK11 3LW, UK
UKHW022118190726
13855UKWH00003B/938

9 782013 073493